KB274518

기독교교육학개론

이종식 목사 저

도서출판 한 글

머 리 말

예수께서 "너희는 가서 모든 족속으로 제자를 삼아 아버지의 아들과 성령의 이름으로 세례를 주고 내가 너희에게 분부한 모든 것을 가르쳐 지키게 하라" (마 28:19-20)고 명하셨다.

교육은 주 예수의 지상 최후의 명령이다. 모든 크리스천은 이 명령을 필히 수행하여야 한다. 이 책이 주님의 지상 명령을 수행하는 데 좋은 안내자가 되리라 생각하고 내놓는다. 본래 글 재주가 없고 높은 학문의 경지에 이르지 못한 터이라 책을 내놓는 데는 두려움과 떨림이 앞선다.

그러나 "가르쳐 지키게 하라"는 주님의 지상 명령을 누구보다도 충실히 이행한 사도 바울의 고백, "만삭되지 못하여 난 자 같은 내게도 보이셨느니라"(고전 15:8)는 말씀을 생각하며 용기를 내어 이 책을 내놓는다.

이 책은 본인이 5, 6년 동안 신학교 강단에서 강의한 기독교교육의 원고를 정리한 것이다. 마치 달을 못 채운 아기를 분만한 어머니처럼 쑥스럽다. 미숙한 대로 이 책을 내놓는 것은 달을 다 채우지 못하고 나온 아기가 흐르는 시간과 함께 튼튼히 성숙하여 더 좋은 아들 노릇을 하는 예가 있듯이 이 책 또한 그러하리라는 생각에서 내놓는다.

먼저 이 책이 나오기까지 도와주신 하나님께 감사를 드린다. 또한

자료 수집과 내조의 수고를 아끼지 않은 아내와 원고 교정을 맡아 수
고한 노회정 선생, 그리고 어려운 여건 속에서도 출판을 맡아 수고하
신 도서출판 한글 심혁창 사장님께 감사를 드린다.

목양실에서
이 종 식

● 목 차 ●

제 *1* 장
기독교 교육의 기초

1. 교육(Education)이란?

기독교 교육에 있어서의 개념상의 혼란은 '기독교'라는 용어 때문이기도 하지만 '교육'이라는 용어에 의해서도 발생한다. 그러므로 여기서는 '교육'의 개념에 대해서 살펴 보기로 한다.

● 교육이란 '인간을 바람직한 방향으로 행동의 변화를 시키는 것이다' 어원적으로 교육은 라틴어의 educere에서 유래하였는데, 이는 제 3변화로써, '이끌어 내다'라는 의미를 가지고 있다.[1] 그러므로 교육은 한 개인 안에 내재되어 있는 능력을 이끌어 내어, 그것을 발전시키는 것이라고 할 수 있겠다. 환언하면 그것은 '표현(expression)'이라는 개념을 가진다. 그러나 이 단어는 제 3변화로부터 끌어온 것으로, '교육'이라는 단어보다는 '추출(eduction)'이라는 의미가 더 가깝다.

또 한 가지 변화는 제 1변화로서 educare가 있다. 이 단어는 매우 다양한 의미를 가지는데, '이끌어 내다'라는 의미보다 '기르다, 양육하다'라는 의미를 지닌다. 즉, '이끌어 내다, 훈련하다'라기 보다, '음식물을 공급하다, 유지하다'라는 개념이다.[2]

● 또한 교육이라는 뜻을 나타내는 독일어의 에로치웅(erziehung)이라는 말은 에르치헬(Erziehen)이라는 동사에서 생긴 명사로서 '에르, er'는 '밖으로'라는 뜻이며 '치헨, ziehen'은 '끈다'라는 뜻을 가지고 있어서 영어나 불어에서와 같은 의미를 나타내고 있다. 이와 같이 그 어의(語義)로 살펴본 교육이란

---

1) 짐윌호이트 신서균 역, 현대기독교교육, 기독문서선교회, 1991, p. 9
2) Ronald Chadwick, Teaching & learning (Old Tappan : Fleming H. Revell Co., 1982), p.17.

인간을 신체적으로, 도덕적으로, 또는 지적(知的)으로 성장시키는 것을 뜻하고 있다. 이같은 이의(語義)에서 암시하는 바와 같이 정지된 상태(그대로의 상태)와 자연의 상태로부터 이끌어내는 것임을 알 수 있다. 구체적으로 말하면 '이렇게 되어야 할 상태, 그 이상의 상태, 이렇게 되지 않으면 안될 상태'로 끌어올리는 작용인 것이다.

● 다른 말로 표현하면 제 1차원의 세계에서 제 2차원, 3차원의 세계로 이끌어 올림을 뜻하는 것이다. 여기서의 제 1차원의 세계라 함은 ~인간이 실제로 경험할 수 있는 즉, 현실에 존재하고 있는 세계를 말한다. 제 2차원의 세계는 ~인간의 머리속에 그리고 있는 세계와 이렇게 되지 않으면 안된다고 생각하는 당위(當爲)의 세계를 말한다.

제 1에 중점을 둔 교육태도를 경험주의 또는 자연주의 교육학설이라고 말하며 제 2에 중점을 둔 교육을 이상주의 교육학설이라고 일컫는다. 또 교육을 논할 때에 개인과 개인으로서 보느냐, 또는 사회의 한 사람으로 보느냐의 차이에 따라 개인주의 교육 사상과 사회본위주의(社會本位注義) 교육 사상과의 대립이 생긴다. 이 경험과 이념, 개인과 사회라고 하는 네 가지의 요소를 어떻게 짜느냐(組立)에 따라서 오늘날의 교육에 관한 여러 주장과 교육학설을 낳게 되었지만, 교육의 바른 모습을 논하려면 일반적으로 이 네 가지 요소의 의의가 완전히 충족되어져야 하리라고 생각된다. 이념적으로는 이와 같이 말해야 하겠지만 실제의 교육학설은 그 강조점을 어디에 두느냐에 따라서 경험주의적이기도 하고 이상주의적이거나 또는 개인주의적, 혹은 사회본위주의적이 되기도 한다.

● 시대에 따라서 교육에 관한 관점도 다르고 접근하는 방법도 다양하다. 먼저 교육이란 우리들이 형성한 사회가 가지고 있는 문화를 다음 세대에게 전달해 주는 동시에 새로운 문화를 창조해 가는 것이라고 주장하는 방법이 있다. 우리 인간들은 사회생활을 영위하고 있으나 그 사회는 학문이나 예술, 도덕, 경제 또는 정치라고 하는 문화를 가지고 있다. 이러한 문화유산을 다음 세대에게 전해주는 일이 교육이라고 생각하는 것이다. 또 문화유산을 전달할 뿐만 아니라 나아가서는 새로운 문화를 창조하지 않으면 안된다. 그 문화를 창조하는 일도 교육에서 담당해야 한다는 것이다.

● 다음에는 교육이란 사회생활을 영위하고 있는 우리 인간을 그 사회에 적응시켜 동화되도록 하는 것이라는 주장이다. 즉, 하나의 사회에 있어서 그 사회를 형성하는 사람들은 이상적인 사회상을 가지고 있다. 전 근대사회에서는 봉건사회 체제로서의 이상적 사회상이 있었고, 근대사회에는 근대사회 체제로서의 이상적 사회상을 그려 왔다. 또 현대사회체제 아래에서도 당연히 현대에 알맞는 이상적인 사회상을 생각해야 한다.

한국의 예를 든다면, 현대 우리 한국은 민주주의적인 사회라고 하는 이상적인 사회상이 있고 그 민주적 사회상에 인간을 적응시켜 인간을 동화시킬 수 있는 교육을 주장하고 있는 것이다.

인간을 사회에 적응시켜 동화시키는 것이라고는 하지만, 그 사회 자체가 결코 고정된 것이 아니고 끊임없이 변화하고 있다. 그렇다면 교육도 단순히 고정된 사회에 적응시켜 동화하는 것만이 아니라 오히려 그 사회를 적극적으로 개선해 나가지 않으면 안된다. 따라서 사회를 개선하고 혹은 적극적으로 사회를 개조하는 창조력을 부여하는 것이 교육이라고 주장하는 것이다.

　●교육은 'in filling하는 것'이다라고 주장하기도 한다. 인간에게 무엇인가를 채워주는 행위를 말한다.

　ex) 영어 교육, 수학 교육, 한문 교육, 컴퓨터 교육 등등이 있을 수 있다. 영어로 채우는 것이 영어 교육이다. 수학 교육은 수학으로……

　●교육이 사회유산인 문화를 전달하는 기능을 갖춘 것이라고 보는 생각은 사회가 일단 안정되었던 정적(靜的, static)인 시대에 가졌던 생각이다. 예를 든다면 중세 유럽이 바로 그것이다. 그 시대에는 교육의 내용, 예컨대 학교 교육의 교과과정이 고정되었다. 문법, 수사, 논리학, 산술(算術), 기하(幾何), 천문 및 음악을 7자유과(Seven liberal arts)라고 하는데, [이 7자유과가 유럽의 중세를 통하여 오랫동안 당시의 고등교육을 받으려는 사람들에게는 이른바 필수 일반 교양과목(정확하게 일반 교육과목)이었다.] 이와 같이 사회가 안정된 정적인 시대에는 교육의 내용도 고정되어 있었다.

　그러나, 현대는 그러한 정적인 시대가 아니다. 특히 2차 대전 이후의 역사의 전환기에 부닥친 상황에서는 이제까지 사람들을 지배하여 온 종래의 지도원리는 전적으로 변화되었고, 교육의 원리도 급격한 변혁을 가져왔다. 이러한 시대에서는 교육에 관한 견해도 고정된 문화내용을 다음 세대에 전한다는 것보다는 사회 그 자체를 개선하고 개조하는 방향으로 관심을 기울이게 된다. 사회 그 자체가 변하여야 된다는 과제를 자각하게 될 때, 교육이 그 역할을 담당하지 않으면 안된다는 주장이 나오게 된다. 교육이 사회개조의 선두에 서는 것이 바람직하다는 주장이다. 현대와 같이 동적(dynamic)인 시대에는 교육도 다이나믹하게 하려는 생각이 강해지고 있다. 이같이 보는 견해는 교육을 사회와 관련지어서 본 입장이다. 즉, 교육의 사회적 의의라고 말할 수 있는 것이다. 그러나 교육을 논할 때 인간을 개인으로 보고, 그 심신이 원만하게 성장 발전하여야 한다는 주장에도 반박의 여지가 없다. 즉 개인의 인격의 발전과 완성이 교육의 목적이다. 교육에 대한 개념을 요약 정리하여 보면 다음과 같이 요약된다.

첫 째 : 인간을 바람직한 방향으로 행동의 변화를 시키는 것이다. 사회와 문화에 따라서 그 바람직한 방향이 각기 다르다. 예를 들면 미국 사회에서 바람직한 방향을 어느 사람으로 정할 때 '아브라함 링컨' 혹은 '조지 와싱톤'이 될 수도 있고, 인도에서는 '간디', 한국에서는 '이순신' 등이 될 수 있다는 것이다.

둘 째 : 어원적으로 라틴어 에듀가르(educare), 독일어 에르치융(erziehung)은 에르치헨(erziehen)이라는 동사에서 생긴 것인데 이는 '끌어낸다'는 뜻이다. 밖으로 끌어낸다(drawing out)함이다. 이렇게 되어야 할 상태, 이렇게 되지 않으면 안될 상태로 끌어올리는 것을 말한다.[3]

셋 째 : 1차원에서 2차원, 3차원으로 이끌어 올림을 뜻한다. 1차원은 언제나 현실, 현재이다. 2차원은 이상의 상태이다. 1차원에서 2차원(이상하고 있는 상태)으로

---

3) 짐 월 호이트, 신서균역, 전게서

올려졌을 때 2차원 상태는 현실이기 때문에 또 1차
원이다.

넷 째 : 문화를 다음 세대에 전달하여 주는 것이 교육이다.
인간 사회에 학문, 예술, 도덕, 경제, 정치라고 하는
문화를 가지고 있다. 이러한 문화유산을 다음 세대
에 전해주는 것이 교육이다.

다섯째 : 사회생활을 잘 영위하도록 하는 것이 교육이다. 사
회를 개선하고 혹은 적극적으로 사회를 개조하는
창조력을 부여하는 것이 교육이다.

여섯째 : 교육은 'in filling'하는 것이다고 말한다.[4]
무엇인가를 채우려는 인간의 노력이다. 인간의 두
뇌는 평생 채운다 할지라도 다 채울 수 없다.

2. 교육에 대한 현대의 주장

앞에서 교육에는 여러 가지 주장이 있음을 밝혔다. 그러나
현대에는 또 다른 측면에서 교육을 설명하고 있다.

근래에는 교육을 사회적인 각도에서 보려는 사람들이 많아
졌다. 교육이 인간과 관련되어 있는 현상을 과학적으로 체계
를 세우려는 작업은 19세기에 와서 완성되었다. 교육학이라는
학문이 하나의 과학으로 학계의 인정을 받게 된 것은 헤르발
트(J. F. Herbart, 1776~1841)의 교육학 이후부터이다. 따라
서 교육학의 역사는 그리 긴 것은 아니다. 물론 그 이전에도
많은 학자들에 의해서 교육학을 하나의 과학으로 정립시키고
자 하는 노력은 시도되었다.

---

4) 이종기 '간추린 기독교교육학' 세종문화사, 1989. p.14

그 교육론을 역사적으로 더듬어 본다면 최초에는 주관적인 관찰과 독단적인 주장이 많았다. 이어서 교육을 철학적으로 보려는 태도가 움트기 시작하였다. 유명한 칸트(I. Kant, 1724~1804) 등의 교육론이 여기에 해당된다. 그러나 최근에는 이른바 과학적으로 생각하려는 경향이 강해졌다. 예를 든다면 교육의 목표를 정하려고 할 경우에도 하나의 이념을 기초로 해서 관념적으로 이것을 정하는 것이 아니라, 실제 교육 현장의 교육 사실에 기초를 두고 실증적으로 목표를 정하려고 하는 과학적인 방법을 취하려고 한다.

교육이라는 현상은 인간이 사회생활을 영위하는 곳에서 볼 수 있는 것이다. 예컨대 어느 농촌의 갑이라는 부락에서의 학교 교육을 생각할 경우에, 그 학교가 지니고 있는 농촌사회의 사회적 조건 등을 과학적으로 조사해서 얻은 사실에 입각하여 갑이라는 부락의 학교 교육의 실태를 파악하려는 방법이다. 교육을 이렇게 생각하려면 이른바 사회학적인 문제가 야기된다. 이러한 사회학적 접근방법 및 문제의 해결방법으로는 유명한 프랑스의 사회학자(Emile Durkheim, 1858~1917)의 「교육과 사회학」이 발표되어 널리 채택되고 있다.

그리고 이전에는 교육을 학교 교육을 중심으로 생각하였다. 즉, 교육활동은 교사와 학생과 교육내용이라고 하는 교육의 3요소간의 상호작용이 일어남으로써 성립되는 것이다. 교육이란, 교사와 학생과의 사이에서 의도적으로 이루어지는 작용이라는 뜻으로 설명하였다. 즉 교육자라는 개인이 피교육자라는 개인에게 미치는 영향이라는 점을 강하게 인정했다. 그리하여 교육이라고 하면 학교 교육을 말하는 것으로 알고 있을 정도였다. 즉, 관념적으로 교육을 학교라는 매개체로만이 교육되어지고 교육할 수 있음으로 알아 왔다.

그러나 20세기 초부터는 개인이 개인에게 미치는 의도적인 영향이라기보다는 그 나라의 역사나 민족, 혹은 사회가 사람들에게 무의식적으로 미치고 있는 영향도 교육으로 간주해야 한다고 하는, 다시 말하자면 교육을 광범위하게 해석하게 되었다. 따라서 지금까지 경시되었던 사회 교육이라는 영역이 중요한 의미를 가지게 되었다. 이것은 오늘날의 매스커뮤니케이션(mass communication)이라고 일컫는 영화나 신문, 잡지, 라디오, TV 등이 청소년들에게 얼마나 큰 영향을 끼치고 있는가를 생각해 본다면 충분히 이해할 수 있을 것이다.

이와 같이 교육을 사회적으로 관찰하려는 방법은 교육이 사회가 지니고 있는 여러 가지 기능 중의 하나라는 생각을 낳게 하였다. 사회에는 경제, 정치, 도덕 등의 여러 기능이 있다. 이러한 기능의 활동에 의해서 사회가 구성되고 유지된다. 교육은 이러한 기능과 더불어 사회에 있어서 병렬적 위치를 가지며, 근본 기능(Grund funktion)의 하나라는 생각이 나왔다.

여기에서 경제라든지 정치라고 하는 사회의 근본 기능과 교육이라는 근본 기능과의 관계를 고찰해 본다면, 경제나 정치는 이것들 없이는 사회가 조직되지도 못하고 하루도 유지될 수 없는 중요한 기능이다. 그러나 교육이라는 기능은 정치, 경제 등의 문화를 생신하는(이른바 목적활동으로서, 그와 같은 사회의 기능을 보다 잘 이룩하기 위한 인간적 조건을 충족시켜 주고 생산하는)보다 근원적인 활동을 가지는 것이라는 점을 생각할 수 있다. 그러한 의미에서 앞에서 말한 바와 같이 사회개혁의 첨단에 교육이 서 있다고 할 수 있고, 실제로 이런 중요한 역할을 담당하는 것이다.

이와 같이 교육에 과학적인 방법을 사용하게 된 것은 당시의 일반적인 학문 경향에 호응하는 것이었다. 19세기 말경부터 자연과학의 발달은 교육을 생물학적으로 보려는 경향을 낳게 하였다. 또 같은 시기에 사회과학의 발달, 특히 사회학의 급속한 발달에 매우 큰 영향을 받고 있었다. 심리학의 발달은 교육이 유아기부터 청년에 이르는 발달 단계를 고찰하려고 하고 있는 것도 두 말할 것도 없다.

이와 같이 최근에는 교육을 논할 경우에 개인을 한 개의 독립된 인간으로 보지 않고, 사회라고 하는 각도에서 사회의 일원으로서의 개인을 파악하려는 태도가 주류를 이루고 있다. 이와 같이 사회적으로 보려는 태도가 강해짐과 동시에 교육을 학교 교육에 한정 짓지 않고 널리 생각하려는 경향이 강해졌다.

교육에 관해서 생각하는 방법, 개념이 확대되고 변화되므로 교육에 관한 관심이 학교 교육 뿐만이 아니라, 사회 교육의 영역으로까지 확대되었다. 어린이들이 학교 이외의 장소나 기관에서 받는 영향에 대해서 교육적인 관심을 가지게 되었다. 동시에 성인들이 도서관, 박물관, 라디오, 신문 등의 사회 교육의 기관과 체제를 통하여 받는 영향에 대해서도 깊은 관심을 가지게 되었다.

이러한 일반적인 변화 외에도 특히 일본에서는 태평양 전쟁 종전 후에 국민교육원리의 전환에 따라 국민교육의 실제는 커다란 변화를 보이고 있다. 즉, 종전 이전에는 소위 국가주의적인 교육체제 아래에서 국가에 충성을 다하고, 자기를 희생하는 인간상을 육성하기 위하여 학교 교육이 행해졌다. 그러나 종전 후의 국민 교육은 소위 민주주의적인 교육 체제하에서 어디까지나 개인의 의사와 자유를 존중하는 인간상을 기르기 위한 학교 교육이 행해졌다. 그리고 오늘날의 교육방식도 다음 도표에서 발견할 수 있듯이 과거와는 다른 현상이다.

● 교육의 기본 구조 3가지

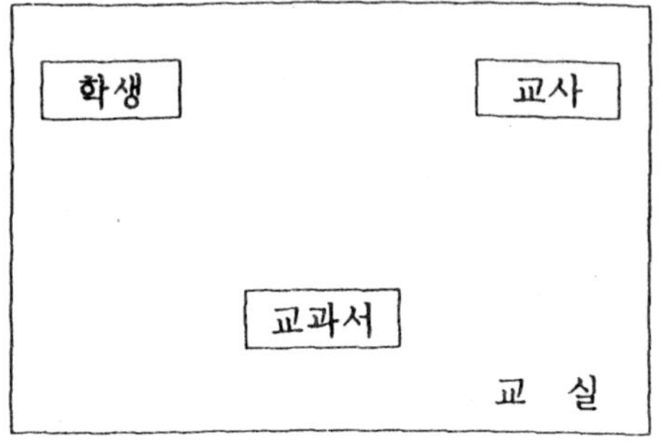

<그림 1>

제 1) 학교 방식
교사, 학생, 교과서

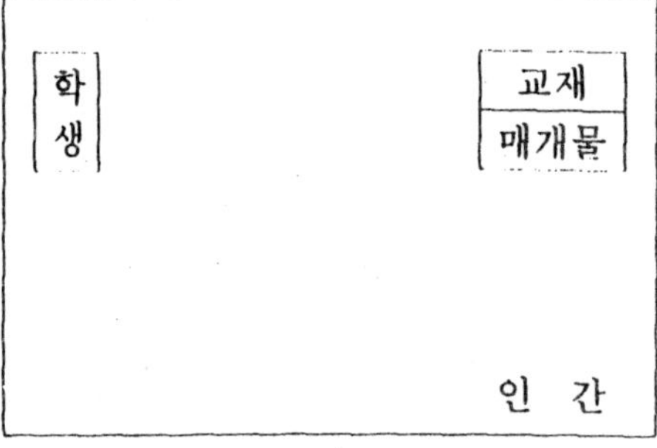

<그림 2>

제 2) 학생 스스로 교양
쌓는 것(학생, 교재)
(문화 시설 방법)

<그림 3>

제 3) 생활 방식
교육 구조

오늘날의 교육을 분석해 보면 앞장에 있는 것과 같은 세 개의 기본적 구조에서 이해할 수가 있다. 그러면서도 현실의 교육은 이 세 개 중의 어느 하나를 취하는 것이 아니라 이것들이 상호 연결되어 복합체를 형성하고 있다고 생각할 수 있다.

예컨대 교실안에 있는 학생은 교사의 수업을 받고 있지만 동시에 여러 가지의 매개체를 통하여 자신의 이해를 발전시키고 있다. 이것은 제 1의 구조와 제 2의 구조와의 복합이다. 또 어느 청년이 직장에서 업무를 수습(修習)하고 있을 때에, 그것은 제 2의 구조이지만 동시에 그 직장을 감싸고 있는 분위기 속에서 자라고 있다. 이것은 제 3의 구조이며 결국 제 2와 제 3의 구조의 복합임을 알 수 있다.

제 1의 방식은 교실이라는 한정된 장소를 갖추고 있어야 하기 때문에 교육의 영역으로서는 가장 좁은 것이지만, 교사가 학생들 옆에서 직접 지도를 '행하는' 의도적인 교육이며, 교육력과 효과도 크다. 제 2의 방식은 교육의 영역과 교육력이 학교 방식보다는 낮지만 제 1, 제 2의 구조는 교육을 지식의 전달과 문화의 계몽에 중점을 두는 방법에 매우 효과적이다. 제 3의 방식은 교육영역으로는 가장 넓다. 교육력은 강력하다고 말할 수 없으나, 교육효과 면에서는 가장 크다는 점에 유의해야 한다.

교육의 기본적 구조를 기독교 교육에 적용해서 생각해 볼 때 다음과 같은 문제가 생긴다. 제 1의 학교 방식에서는 교회 학교, 기독교 계통의 학교 교육, 기독교 가정 교육의 문제가, 제 2의 문화시설 방식에서는 시청각 교육, 문서에 의한 교육 즉, 기독교 시청각 사업부, 기독교 방송 등의 문제가, 제 3의 생활 방식에서는 크리스천 가정의 가풍, 기독교 계통의 학교 교풍 등의 문제를 들 수 있다. 그리고 이 세 가지 방법의 유기

적인 연관을 고려하지 않으면 안되는 어떠한 전략을 짜느냐
하는 것이 실제 문제로서 기독교 교육에 부과되어 진다.

3. 기독교 교육 개념

기독교 교육(Christian Education)이라 말할 때에는 기독교
와 교육이라는 두 단어가 만나서 이루어진 것이다. 이 두 단어
는 일견하기에도 밀접한 관계가 있는 것으로 보이지 않는다.
그리하여 이 만남에는 많은 혼란이 뒤따랐다. 그러므로 이 두
단어가 의미하는 바를 각기 주도면밀하게 살핌으로써 두 단어
의 만남이 좀더 명료해질 수 있을 것이다. 교육에 대하여는 앞
장에서 설명하였다.

1) 기독교(Christian)

'기독교 교육' 개념의 혼란을 야기하는 일차적인 요소는 '기
독교'라는 단어에 있다. 헤르만(K. Hermann)은 'Christian'이
라는 단어에 대한 명확한 이해도 없이 남용되고 있는 현실을
지적하면서, 블레마이어즈(H. Blamires)가 '기독교적인 대화
의 장'이라고 표현한 그것을 구축하기 위한 제 일 단계는
'Christian'이라는 용어를 명확하게 하는 작업이라고 옳게 지
적했다.[1]

'christian'은 어원 구조상, 그리고 성경의 용법에 있어서 형
용사가 아니라, 명사로 사용되었다.[2] 맥케인(McKean)은 Ch-

---

1) K. Hermann, '학문에 있어서의 기독교적 조망의 의미', 편집부 편역, 기독신앙과
   전공과목(서울 : 한국기독학생회 출판부, 1986), p.49.
2) R.B. McKean, 'The State of Christian Education' Christian Education Journal

ristian을 명사로 사용하여, 그 말 자체가 그리스도의 후예인 사람들을 지칭한다고 주장했다.[3] 그러나 그는 'Christian을 형용사로서 활용하는 것이 기술적으로는 옳지 않지만, 역사의 조류와 통상적인 용법이 너무 강력하므로, 그러한 용법에 대한 싸움은 무가치한 다툼이 될 것'이라며, 형용사로서의 Christian의 용법을 가정한 후에, 무엇이 기독교적으로 만드는가를 질문한다. 그는 먼저 기독교적이지 않은 것을 다음과 같이 정리한다. 즉 조직화된 교회와 관련된 것, 성경적인 내용과 교리적인 내용을 강조할 때, 미국적인 것, 청교도적이거나 구식의 사회적 가치들, 서구문화, 기독교의 사역에 적용된 것 등을 기독교적인 것과는 동일시하려는 경향이 있다.

이러한 경향은 그리스도인과 세속주의자들 사이에 자주 일어나는 것으로, 'Christian'이라는 말을 어떤 사람이 드러내는 여러 속성이나 특징들에 부과된 속성의 하나로 사용하려는 경향인 것이다. 이러한 용어상의 모든 오용이 기독교 교육에 떠넘겨져 기독교 교육 안에 나타나고 있지만, 그러한 것들은 실제로 기독교적인 것이 아니다.

헤르만은 '그리스도인'이 무엇을 의미하는가에 대한 보다 성경적인 설명으로써, 그리스도인이 된다는 것은 인간이 된다는 것과 비슷하다고 단언했다. 이는 나의 '인간됨'이 내가 하는 모든 일을 특징짓는 것과 똑같은 방법으로, 내가 하나님의 충실한 종됨이 나는 모든 행위를 특징지워야 한다는 말이다. 결국 '나는 그리스도인이다'라고 말하는 것이 나를 묘사하는 포괄적인 카테고리이며 방법이 되는 것이다. 이런 의미에서 맥케인

Vol. Ⅷ. no.2(1988. winter). p.25. 그리고 성경의 용례로는 행 11 : 26. 행26 : 28. 벧전 4 : 16 등이 있다.
3) Ibid.. p.29.

은 'Christian'을 '그리스도의 후예'를 지칭하는 명사로 보았다. 중동 지역에서는 선조들과 일체감을 가지기 위하여, 이름 말미에 '-ian'이라는 접미사를 붙이는 것이 보편적인 작명법이었다. 그러므로 그리스도의 후예들이라고 알려진 사람들을 부를 때, 'Christ-ians'이라고 했던 것이다. 이렇게 '그리스도인'이라고 불리워진 사람들은 그리스도의 성품을 지닌 자들일 것이다. 그리스도의 성품에는 그가 살았고, 사고했던 모든 방식들이 포함되어야 한다. 그것은 그의 관점으로 사물을 조망하는 것을 의미하며, 그의 가치, 사고, 동기들을 가지고 그가 행동했던 방식대로 행동하는 것을 의미한다.4)

결국 'Christian'이라는 말은 창조의 모든 영역에 대한 성경적 이해와, 삶의 모든 영역에 있어서의 신실한 삶을 의미한다. 기독교 교육에 있어서 'Christian'이라는 개념의 혼란은, 그것이 명사로서 '그리스도인'을 의미하느냐, 형용사로서 '기독교적'임을 의미하느냐 하는 문제에 달려있는 것이 아니다. 그러므로 'Christian'이 가지는 포괄적이고 총체적인 관점이 회복되어야 한다.

2) 기독교 교육의 정의

① 학자들의 정의

미국의 종교교육학자 코오(George A, Coe)는 '기독교 교육은 인간들의 위대한 가치자인 하나님의 실존에 대한 가설과 인간들은 유한된 가치라는 예수의 가정에 의하여 지도된 인간들 사이의 관계들에 대한 조직적, 비판적 검사와 재건이다.'라고 말하였다.5) 이와 같이 보는 코어의 견해는 교육을 가치의 재

---

4) McKean, p.29.

건으로 보는 태도이다.

또 다른 한 견해가 있다. 교회 교육은 역사 자체가 타락된 인간이 하나님께 복귀하는 과정이라고 보는 견해이다. 독생자 예수를 지상에 보내서 온 인류의 죄를 대속하도록 십자가의 수난을 겪게 하셨다는 것을 알게 하는 것이라고 울리히(R. Ulich)는 지적하였다.

기원후 330년에 출생한 바실(Basil) 승정 제롬, 크리소스톰, 어거스틴 등의 기독교 교육은 거의 일치된 교육철학을 형성하였는데 후 기독교적 개념을 발전시키는데 실천적인 열광가 터툴리안은 비교적 명료하게 교육이라는 정의를 내렸다.6) 기독교 교육이란 그리스도의 방법으로 그리스도의 일을 하는 것이나 그의 교훈의 내용을 전달공급하는 것이다. 또한 하나님의 성령이 어떻게 이런 교육방법을 성취시키는가를 발견하는 노력이 기독교 교육이다. 생활의 모든 분야를 변형시켜서 그리스도를 따르도록 하고 그의 교훈을 실천하기 위해 모든 성도들이 전체 프로그램(Total Program)을 만들어 처신하는 활동이 곧 교육이다.7)

쉐릴(Sherill)은 '기독교 교육은 하나님의 교회나 다른 인간들이나 보이는 사람, 자신으로 더불어 그 개인속에 자리잡은 세대에 동참하고 안내하는 기독교 공동체의 회원에 의한 시도'라고 하였다.8) 그리고 기독교 교육은 성경의 본성과 계시의 본성을 일치시키는 것이라고 말하고 기독교 교육은 계시의 근

---

5) Kending B. Cully (ed), Basic Writings in Christian Education, Phidadelphia : The wastminster Press, 1960, p.338.

6) 한기언 역, 교육사상사(Robert Ulich, History of Educational Thought) : 서울 : 한국번역도서주식회사, 1957. p.114.

7) Louis E Labor, Focus on People in Church Education, Westerwood, New Jersey : Fleming H. Revell co., 1968, p.21.

8) L.J.Scherill, Gift of Power, New York : Macmillan Co., 1963. p.82.

원인 신과의 계속적 면접의 준비라고 하였다. 다시 말하면 쉐
릴은 기독교 교육을 '인간을 찾아 주시는 신과 이에 응답해야
할 실존적 인간의 양극적 긴장중에 이루어지는 만남에서 생기
는 관계의 변화에서 되어진다.' 고 하였다.[9] 이런 뜻은 헌터
(D.R.Hunter)의 상호계약관계로서의 기독교 교육의 핵심을
이루는 것과 일치한다. 이 세상의 모든 종교적 상황 중의 종교
적 사건(Religious Issues) 즉, 신(信), 불신, 복종과 불복종간
의 행동을 바로 약정(約定)의 모습이라고 한다.[10] 교육은 신학
적인 의미에서 신인양극(Bi-polars)적인 의외의 만남(En
counter)이나 신인의 약속을 다함께 변화되게 하는 상호작용
과정(Inter Action Process)이라 할 수 있다.[11] 그렇다면 각이
한 종교적 상황중에서 종교적 사건들과 특히 예수 안에서 자
기를 계시하시며 성령으로 찾아주시는 신을 사람들로 하여금
신앙으로 자각하고 믿음과 사랑의 응답으로 계속만나(Encou-
nter, Engagement, Inter Action) 변화되는 가운데 신의 자녀
로서 신앙인의 공동체에 뿌리를 박고 성장하며 모든 관계에
있어서 성령안의 생활을 하고 그리스도의 제자된 도리를 다하
고 기독교적 소망중에 거하도록 도와주는 것이 기독교 교육이
다. 또한 기독교 교육이란 교육기관적 용어이며 종교 교육이
란 말은 교회 교육에서 사용한 용어이다. 그런데 종교 교육이
란 말은 너무 광범위해서 교회뿐 아니라 가정, 직장 등의 교육
도 포함시키고 있다. 만남의 상호작용이란 바로 이것을 말하
기 때문이다. 그러면 기독교 교육은 기독교 종교 교육(Chris-

---

9) Ibid., pp.95-96.

10) D.R.Hunter, Christian Education as Engagement, New York The Seaburg
    press, 1965, p.36

11) L.J.Scherill교수는 이 양극(Bi-polars)의 뜻을 기독교교육은 신중심도 인간중심도
    아니고, 신은 부르시고 인간은 응답하는 만남에서 이루어지는 양극이라고 보았다.

tian Roligius Education)이라고 부르는 것이 좋을 것이다. 라 틴어 'educare'에서 교육이라는 용어가 유래하여 'educatus sum'으로 변하고, 이것이 'Education'이 되었다고 학자들은 말한다.[12] 이 말은 '훈육한다. 기른다, 깊은 인상를 준다'는 뜻이다. 교육은 채워주는 과정으로서 사상의 개발 이념의 형성 등을 의미하며, 개발의 과정으로서 선천적 본질과 흥미를 발견하며 창조적, 독자적, 생활방식을 수립하는 것이다. 이런 속에서 끊임없이 그리스도의 인격을 형성해 나가는 것이 기독교 교육인 것이다. 기독교 종교교육이란, 사람들로 하여금 종교적 생활의 신앙과 방식을 이해하며 받아들이고 예증할 수 있도록 추구하는 과정인데,[13] 이런 과정속에 기독교 교육, 신학 교육, 교회학교 교육 또는 기독교 학교 교육 등이 포함된다. 기독교 교육이란 좁은 의미로는 교회 교육의 성격을 띤 주간학교, 교회에서 경영하는 각급 제도화된 일반학교, 각종 부설기관에 의한 교회활동, 여러 종류의 집합 및 자의적 집단에 의한 상호작용 프로그램(program) 등이며, 광의적으로는 설교의 교육적 기능으로부터 교회구성의 가정 교육까지 포함되기도 한다. 이런 기관과 환경속에서 신인관계의 새로운 각성과 재건을 위하여 선민에게 있어서는 둘도 없는 혁명이며 의무이며 평생 계속되어져야할 과업이다.[14]

구체적으로 말하면 기독교 교육은 개인이 예수 그리스도 안에 나타난 하나님께 관하여 배우는 것이며, 성령의 도움으로

---

12) Harner, The Educational Work of the Church, New York : Abingdon Cokesburg Press, 1939, Chap. I. 요약
13) Lawrence C. Little, Foundation for a Philosophy of Christian Education, New York : Abingdon press, 1962, p.193.
14) Philip H.Phenix (ed), Philosophies of Education, New York : John Wiley & Sons, 1962, pp.87-88.

써 예수는 인간의 구세주이며 주님이신 것을 배우는 경험이
며, 예수안에 있는 완전한 자신의 구원을 향하여 장성해 나가
는 것이며, 삶의 모든 상태에서 개인적이며 단체적인 생명을
예수에게 전적으로 맡기는 것을 배우는 것이다.[15]

　신앙문제에서 구원, 개심, 중생 등의 신앙이 선교적 인격형
성을 이루게 되고 수혜의 욕망적 인간을 '건전한 마음의 사람'
과 같은 최고절대의 가치를 지향하고 노력하는 인격적 인간으
로 교육받아야 한다.[16]

　과거의 교화교육이나 비과학적인 경전해석에서 탈피하여
종교의 기초적 지식을 전수케 하고 이해하게 하여 본질적으로
그리스도의 인격에 맞추어 나가는 교육이 필요하다. 종교적
인격은 절대가치를 추구하고 참된 인격형성을 위해 그리스도
의 모든 교훈을 받는데서 이루어진다.

　② 성서론적 정의

　기독교 교육은 성경에 의한 촉구 신의 은총에 관한 상담, 상
호고백을 통한 절대적 충성을 권면하는 역할을 담당할 수 있
는 교인이 되게 하는 것이다.

　그리고 기독교 교육의 본질을 논함에는 성서론을 취급하지
않을 수가 없다. 발트(K.Barth)는 인간이 신과 대면하는 과정
에서 일어나는 전체적, 실존적 관계를 계시라 하여 이를 성서
라고 하였고[17], 리틀(Sara Little)은 본질적인 신의 자기 계시
를 말하였다. 쉐릴(L.Sherrill)은 "계시란 곧 신의 자기 계시이

---

15) Donald Grodon Stewart, Christian Education and Evangelism, Philadelphia :
　　The westminster press. p.98.
16) 장승길, '종교와 교육은 동률선' 주간종교, (1974. 8.14, 제148호), 제4면.
17) Sara Little, The Bible in Chrisitian Education, Richmond : Konx. 1901. pp.10,
　　91.

다. 이것은 하나님과 인간과의 만남 가운데서 되어진 것이고 하나님의 지식이 아니라 인격적인 존재로서 신 자신이란 뜻이다. 계시는 인격자이신 신과 또 하나의 인격인 인간과의 만남에서 생긴다. 계시는 하나님에 관한 지식이 아니라 오히려 하나님의 자아인 신과 또 하나의 자아인 인간 사이의 만남에서 일어나는 그 무엇이다"라고 설명한다.[18] 성서를 통하여 기독교의 공정한 교육이 성립되는데 이 성서는 신과 인간의 만남에서 생겨진 계시임을 뜻한다고 본다.

이런 상관관계가 기독교 교육의 본질을 말해준다. 코어(George Acoe)나 윌리암 보워(William C. Bower) 같은 자유주의 신학자들은 현재도 우리 인간 속에서도 활동하심을 믿으며, 이것은 초자연이 아닌 자연적인 현장으로 믿는다.

개인이나 사회생활의 자연적인 과정을 통해서 역사하신다는 것이다.[19] 이것은 인간의 경험을 중시하게 되어 성서의 불필요성을 나타내는 듯한 감을 느끼게 한다. 기독교 교육은 성서를 떠나서는 있을 수 없다. 그런고로 신정통주의자인 스미스(H.S. Smith)는 그의 저서 신앙과 교육에서 언급하기를 자유주의적 종교교육에 반대하며 그것은 기독교적이 아니라고 비난하였다. 기독교 신앙은 계시에 근거하고 있다.

로이저크는 신정통주의 종교교육의 여섯가지 항목의 강조점을 다음과 같이 논하였다. ① 기독교 교육의 이론과 실천은 신학적 기초위에 근거해야 한다. ② 신정통주의는 성경을 공부하는 학생들이 하나님을 알게 되기에 노력한다. ③ 성경만 배우는 것으로 만족하지 않는다. ④ 하나님의 계시와 응답을 돕는데 노력한다. ⑤ 성경암송이나 원리 적용의 효과에 대하

---

18) Lewis Sherill, The gift of Power p.69.
19) 갈편도, 창조적인 성서 교수법, 서울 : 생명의 말씀사. 1972. p.16.

여 의심해 보기도 한다. ⑥ 인간의 죄의 상태와 신의 주권에 가일층 강조를 둔다.[20]

　●성서는 오늘날 우리 인간들의 생애 가운데로 들어 오시기 위해 택하신 현관의 역할을 한다.[21] 이와같은 신앙은 성경이 기독교 교육 학문상 필수적 위치에 있음을 설명해 주는 것이다. 하나님이 성서에서 우리를 기다리시고, 성서에서 개별적으로 우리와 만나기를 기뻐하시며, 성서에서 자기 자신을 우리에게 알려 주시기를 또한 기뻐하신다는 뜻에서 본다면 성서는 하나님의 말씀의 책이다. 성서는 개정역판(R.S.V)이 최초 2년간에 260만권이나 팔렸다. 성경은 고대사건을 보존, 기록한 것으로 성경중에는 3000년 전에 기록된 것도 있다. 그리고 성경은 지금부터 1800년 이내에 쓴 것은 한 권도 없다.[22] 이런 고대서가 세상에 그다지 많지는 않다. 아이리스쿨리(Iris Cully)는 성경을 통해서 신의 자기 계시를 체험적인 입장에서 언급했다. 특이한 성격을 지닌 유일한 계시는 자기를 다른 사람에게 내보이는 자아의 계시라는 것이다.[23] 그러면 성경을 통해서 우리는 하나님을 알 수 있는 길을 열고 나가게 된 것이다. 성경은 계시에 대한 증거이다. 계시에 대한 기록물이다.[24] 성경은 기독교의 공동생활과 기독교 신앙에 관한 역사적 자원에 관계된 기록으로써 이것이 곧 공동생활에 대한 계시의 매개체이다. Butler는 "성경이 현재의 계시가 되지 않는 한, 성경은 기독교 공동생활에서 진정한 기능을 발휘하지 못한다. 성경은

---

20) 상게서, p.29.
21) 상게서
22) 장윤칠 역, 교회의 교육적 사명(The teaching Ministry of church. By James D. Smart) 서울 : 대한기독교서회, 1960, p.181.
23) Iris Cully, The Dynamics of christian Education, Philadelphia ; Westminster, 1958. p. 86.
24) L. H. Sherill, The Gift of power, p. 86.

단순히 과거 사건적 기록만은 아니다. 기독교 교육의 기본적인 내용은 성경의 메시지이다. 그런데 그 메시지는 곧 예수 그리스도의 인격이다"라고 하였다.25) 세릴은 "기독교 교육의 목적은 피교육자들로 하여금 하나님과 직접적인 체질을 갖도록 하는데 있다"고 말하면서, 성경에서 알려진 계시는 역사의 사건이 근접하고 있으면서도 계속 연장되고 있다는 것이다.

이중적 성격을 띠게 된 것은 과거에 계시성을 띤 사건이 다만 그 당시에 고정되어 버린 죽은 의미를 계시하고 있는 것이 아니라 이 이루어 놓은 말씀을 통하여 지금도 생생하게 말씀하시는 하나님을 계시하는 방법을 통해서 되어지는 것이라고 말하였다.26)

이것은 오늘날에도 성서가 얼마나 기독교 교육상 필요한 가치를 차지하고 있음을 입증하는 것이다. 성서는 인간이 하나님을 볼 수 있는 안경이다. 성경 책장을 넘기면서 우리는 성경이 증거하고 있는 살아계신 구주를 만나고저 한다. 이것이 가능할 수 있는 것은 성경을 통하여 기록된 말(Words)이 말씀(word)으로 되어지기 때문이다. 여기서 말씀은 예수 그리스도이다. 그런고로 기독교의 본질은 말씀과 예수를 중심으로 하여 형성된다.27) 보수주의적 입장에서의 성서관은 더욱 성서의 권위를 높여 준다. 성서는 신의 말씀이다. 이런 성경관은 종교개혁 이후 신교를 석권했던 견해이다. 신은 성서안에서 인간과 의사를 교통하시고, 항상 인간 역사를 섭리해 나가신다고 확신한다.28) 칸트는 "사람은 사람에 의해서만 사람이 된다"고

---

25) Donald Butler, Religious Education, New Your : Harper & Row, 1962, p.150.
26) Lewis J. Scherill, The Gift of Power, p.74.
27) Sara, Little, Op, Cit., pp.56, 57.
    Ibid, p.57.
28) 갈필도, 전게서, p. 15.

하였는데 사람에 의해서란 말은 곧 교육을 뜻하는 것이라고 하였다.[29] 교육의 정의는 지·덕·체의 능력의 충만한 발달을 의미한다. 그리고 더욱 높고 넓은 의미에서 이 세상의 생활면 뿐만이 아니라 그 이상의 것을 추구하는 것이다. 기독교 교육 이란, 세상의 위대한 교육자들의 교육이 많으나 그들보다도 더욱 높으신 하나님이 계신 것을 알고 전능자, 절대자, 전지자 의 교육이 무엇인가를 알아내는 것이 무엇보다도 중요하고 가 치있는 고등 교육이라 하겠다. 신이 인간을 창조하실 때 자기 형상대로 창조하셨다 하신고로 교육은 인간이 신의 형상을 닮 는 노력을 하는 것이 그 근본 원리라고 본다. 그러므로 기독교 교육은 성경에서 볼 때, 그 성격이나 범위가 최고의 신의 세계 에까지 도달된다고 본다. 그래서 커벌리(Cubberley)는 기독교 문화가 서양문화의 기초를 놓았다 하고, 모든 세계문명을 기 독교 교육이 발전시켰음을 논증하였다. 서양문화는 희랍, 로마 를 통하여 기독교가 기초를 놓았고, 아주와 미주가 적시 서양 문화인 기독교에 의해서 발전되었음을 논증하였다.[30] 현대 일 반교육의 역사도 기독교 문화에 기초를 둔 것이 사실이다. 일 반공육과 기독교 교육의 비교적 입장에서 볼 때, 일반 교육은 기독교 교육을 모체로하여 부족한 점을 보충해 나갈 수 밖에 없다고 본다.

③ 일반 교육에 적용한 기독교 교육

앞에서 기독교 교육에 대한 학자들의 정의와 성서적인 정의 를 언급하였다. 이제 정리하는 입장에서 기독교 교육을 일반

---

29) 김이열 역, 교육(Education by Ellen G. white) : 서울시조사.1960 (박희병 추천 사에서 인용)
30) Ellwood patterson Cubberley, The History of Education. New Your : Chicago, sanfranscico : Houghton Mifflin Co. 1920. pp.3, 4.

교육의 개념에 적용하여 설명하고자 한다.

일반교육과 비교하여 기독교 교육에 대하여 정의하면 다음과 같다.

1) 인간에게 가장 '바람직한 방향은' 무엇이며, 누구인가?

오직 예수 그리스도가 최선의 방향이다. 기독교 교육은 예수그리스도를 닮아 가도록 가르치고, 행동의 변화를 시키는 것이다. 기독교 교육의 바람직한 방향은 세계 이느 문화권에서나 동일하다. 예수 그리스도가 어느 민족, 어느 문화권 모두에게 같은 의미가 된다.

2) 숨겨진 그 모습을 이끌어 내듯 에덴동산 이후 숨은 인간을 이끌어 내는 것, 형식과 위선, 가식으로 옷을 입는 숨은 인간을 이끌어 내는 것이 기독교 교육이다. 사마리아 우물가의 여인의 숨은 그 모습을 예수께서는 잘 이끌어 내셨다.(요 4 : 1-26)

3) 현재의 제 1차원에서(죄인의 모습에서) 제 2차원(거룩한 삶)으로 올려가는 것이다. 말씀안에서의 더 나은 삶으로 계속 이끌어 간다. 죄인이라 일컬어지던 세리장 삭개오를 예수께서 새로운 차원으로 이끌어 주셨다.(눅19 : 1-10)

4) 기독교 문화(예배, 찬양, 헌신, 봉사, 기독교예술 등등)를 기독교 교육을 통하여 전달하여 준다. 성경은 앞서가는 문화이다. 성경의 문화가 다른 모든 문화를 선도해 왔다.

5) 성경에서 인간 창조는 나홀로 인생으로 하지 않았다. 더불어 살아가도록 하셨다. 이웃을 알도록 하셨다. 사회의 소금과 빛으로 살도록 명하셨다. 이웃에 대하여 '너도 이와 같이 행하라!'(눅10 : 36)고 명하셨다.

6) 교육을 'infilling'으로 말한다면 기독교(주일학교) 교육에서 채워줄 것이 무엇인가? 하나님 말씀으로 채우고 예수그리

스도로 채우는 것이 기독교(주일학교) 교육이다.

4. 기독교 교육의 기본구조

앞에서 교육에 대한 개념을 학자들의 견해, 성경적인 정의와 일반교육과의 비교로써 정의한 바가 있다. 또한 앞에서 일반교육에서의 기본 구조, 즉 교실이라는 박스(Box) 안에서의 교육방식, 문화시설방식, 생활방식이라는 세개의 기본적인 방식이 있음을 소개하였다.

어떠한 경우에 있어서도 교육 즉, 형성의 대상은 학생 혹은 학생에 해당되는 '사람'이라는 점을 생각할 수가 있다. 또 교육이 행해지는 장(場)은 교실이거나 혹은 도서관, 전람회장, 또는 가정, 직장이기도 하다. 이들 세개의 방식이 해당되는 교육의 장(場)도 사회학적인 규정성(規定性)을 받는 이른바 '사회'라고 하는 장(場)이다. 또 일반 교육의 내용은 매개체가 있는 경우에는 분명히 '문화재'이다.

그러나 기독교 교육의 경우 그 대상은 영아 아동일 수도 있겠고, 청년 혹은 성인일 경우도 있겠으나 다같이 인간이 그 대상이 된다. 기독교 교육이 행해지는 장은 구체적으로 교회학교 혹은 YMCA, YWCA, 또는 크리스천 가정 등이지만, 이것들은 각각 성스러운 공동교회라는 공통의 기반에 서는 것이며, 또 교회성도 가지게 된다. 그래서 기독교 교육이 생기는 장(場)은 교회이다.

기독교 교육의 내용은 말할 것도 없이 복음이다. (Good News) 축복의 소식'이다. 하나님이 인간을 사랑하시는 그 뜻이 구체적인 모습으로 드러날 때, 그것은 우리들 인간에게 있어서는 실로 '복된 소식'이다. 그것은 역사적 계시로서의 그리스도라는 사실이다. 기독교 교육이라는 것은 하나님이 인간을 사랑하시는 사랑의 의지에 기인하는 것이며, 하나님의 의지와 인간관의 만나는 시점에서 생기는 것이다. 기독교 교육의 이론은 바로 하나님과의 만남의 이론이 되는 것이다.

그러나 기독교의 견해에 의한다면 이 인간과 하나님과의 사이에는 단절관계가 있다고 생각하는 것이다. 인간과 하나님과는 직접 이어지지 않는다. 비연속이 있다고 생각한다. 인간의 죄로 인하여 인간과 하나님과의 사이가 단절되었다. 그러나 인간과 하나님과의 사이의 단절을 화해시킨 예수 그리스도의 중보에 의해서 단절된 인간과 하나님과의 관계가 화해된 것이다.

그리스도를 매개체로 함으로써 하나님의 사랑의 의지가 인간에게 미친다. 이러한 그리스도의 중보와 매개성에 있어서 기독교 교육의 이론은 명확한 모습을 갖추어 성립될 수가 있는 것이다. 즉, 기독교 교육이라는 이론은 그리스도인론과 구원론으로서 성립하며 전개되는 것이다.

기독교 교육의 내용은 복음이며, 복음은 그리스도를 가리키는 것이다. 성서에는 이런한 복음의 내용이 기록되어 있으며, 기독교 교육의 교재는 오로지 성서 뿐이라고 보는 견해도 있다. 그러나 성서는 물론, 성서 이외의 자연이라든가 문화도 교재로 쓸 수 있다고 생각된다. 이러한 문제에 관해서는 따로 기독교 교육의 커리큘럼을 논할 때 자세히 언급하기로 하겠다.

기독교 교육의 기초는 '하나님이 인간을 긍휼히 여기시는 사랑이다'라고 말하였다. 그리고 기독교 교육이란 복음에 의한 인간 형성의 기능 즉, 복음에 의한 크리스천 형성의 기능이며 사람안에 그리스도의 모습을 형성하는 것이라고 말하였다. 기독교 교육에 있어서는 크리스천을 형성하는 주체는 인간 쪽에 있는 것이 아니라 하나님 쪽에 있다. 기독교 교육의 주체는 하나님이시다. 이것이 일반 교육의 기본적 구조와 근본적으로 틀리는 점이다.

그러면, 기독교 교육을 시행하는 교사나 부모는 어떻게 되는 것일까? 기독교 교육은 뒤에 언급하는 것으로도 분명하게 알 수 있겠지만 교회의 선교활동에 관계된다. 따라서 기독교 교육에 관여하는 교사나 부모는 교회의 선교활동에 관여하는 사람이 된다. 즉, 기독교 교육자는 그리스도의 몸되신 교회에 있어서 하나님의 사업에 봉사하는 자가 되는 것이다. 기독교 교육의 주체는 하나님이시며, 교사는 주체가 아니라 하나님의 사업에 겸허한 봉사자가 되는 것이다.

교육의 가장 기본적인 요소로는 '가르치는 자'와 '배우는 자'와 이 양자의 매개체가 되는 '교재' 등의 3요소를 생각할 수가 있다. 매개체가 되는 교재는 문화재가 그 역할을 한다. 문화란 말할 것도 없이 인간의 소산이며 이 경우 문화재는 인간의 내적인 것과 연결되어 있다. 문화재와 인간의 내적 가능성과는 연속 관계를 이루고 있다. 교육은, 어떠한 의미에서 보면 인간의 내적인 것과 내적 가능성을 계발하는 것이라고 말할 수 있다. 교재가 되는 문화재를 매개체로 하여 인간의 내적 가능성을 끌어내는 경우, 그 교재가 에컨대 수학이나 어학인 경우에는 열심히 교육을 한다면 그 교육적 효과는 더 올라갈 수 있다고 볼 수 있다.

일반 교육에 있어서는 이러한 구조를 볼 수가 있지만 기독교 교육에 있어서는 내용이 전혀 다르게 된다. 예수을 구주로 믿고 고백하도록 인도하고 교육하는 일을 중요한 목적의 하나로 삼아야 한다. 우리들이 열성을 다하여 교육을 시켜도 세례를 받는 사람의 수가 극히 적다. 열심히 애썼는데도 불구하고 교육적 성과는 올라가지 않는 것이다. 도대체 그 이유가 어디에 있는가를 생각해야 되겠지만, 앞에서 말한 대로 하나님과 인간 사이는 단절되어 있는 것이다. 하나님의 말씀은 인간의 내적 가능성과 직접 연속관계를 가지고 있지 않다. 복음은 '눈으로 보지 못하고 귀로도 듣지 못하고 사람의 마음으로 생각지 못한 것'(고전 2 : 9) 으로서 말하자면 하늘에서 인간에게 수직적으로 임하는 것이다. 문화재는 인간의 내적인 것과 평면적인 관계로 연속되어 있으나 복음은 인간의 내면에 있는 것으로부터 단절된 비연속의 관계를 가진 것으로서, 말하자면 인간의 생각을 초월한 하나님의 편에서 인간에게 수직적으로 임하여진다.

기독교 교육에서는 이 복음이 교재로써 교사와 학생의 매개체가 된다. 그러나 그 교재로써의 복음이 앞에서 말한 바와 같이 인간의 내적인 가능성에 직접 이어지지 않기 때문에 여기에서 기독교 교육의 어려움이 생기게 된다. 만약 기독교가 문화재였다면, 기독교 교육은 일반 교육과 같은 구조를 가지게 될 것이다. 그러나 기독교는 결코 문화재가 아니다. 기독교를 문화적으로 파악하는 것은 근대적인 자유주의의 신학적인 파악으로써 그것은 기독교와 인문주의를 합한것이다. 이것은 성서적인 또는 복음주의적인 기독교의 입장에서 볼 때 분명히 잘못된 것이다.

기독교 교육의 목적은 사람들로 하여금 예수님을 구주로 믿고 고백하도록 인도하며, 또 신앙생활을 온전하게 하도록 하는데 있다. 그러나 신앙고백을 하는 것은 그 사람이 어디까지나 주체적으로 스스로의 결단으로 하는 것이 아니면 안된다. 기독교의 신앙은 하나님과 인간의 1대 1의 관계에서 인간이 죄인임올 자각하고, 그 죄를 회개하여 새로운 삶을 살려는 결단올 함으로써 성립되므로, 기독교 교육에서 신앙고백을 하도록 이끄는 결단의 지도는 실존적으로 죄를 자각하게 되는 시점에서 해야 할 필요가 있다.

이상에서 일반 교육의 기본 구조와 기독교 교육의 기본 구조에 대해서 살펴보았다. 요컨대, 일반 교육은 피교육자인 인간올 대상으로 하여 교육자인 인간이 주체가 되며, 사회라고 하는 장(場)에서 문화재의 내용으로서의 인간형성이다. 이에 반해, 기독교 교육은 인간올 대상으로, 인간을 통하여 하나님이 교육자 즉 주체가 되고, 교회라고 하는 장(場)에서 복음화하는 인간형성이다. 더구나 기독교 교육론은 그리스도의 중보와 매개성에서 성립하는 이론이다.

●일반 교육과 기독교 교육의 구조 비교

	일반 교육	기독교 교육
대 상	학생에 속하는 인간	영아, 유, 초등, 중·고·청년 노인 모든 사람
주 체	교사(인간)	하나님
목 적	인간형성	(복음화 형성) 그리스도형상
교 재	교재에 속하는 모든 것	오직 성경
교육장	학교, 가정, 사회	부름받은 교회

5. 기독교 교육의 특수성

기독교 교육은 크리스천을 형성하는 기능이지만 크리스천의 형성은 인간 속에 '그리스도의 형상'이 이루어져야 하는 것이다. 그리고 이것은 전적으로 믿음의 결과인 것이 분명해졌다. 신앙은 말할 것도 없이 하나님의 은사이며 은총이다. 따라서 그리스도의 형상을 형성한다고 하는 것이다. 원래 신앙이란 하나의 존재 관계를 나타내는 말이다. 그것은 그리스도에 있어서의 하나님과의 교통이라는 것이다. 그리스도에게 속해 있는 존재라는 것이다.

그리스도의 형상을 형성한다는 것은 이와 같이 신앙에 관한 것이며 그것은 '신앙의 시간'에서 되어지는 일이다. 즉, 그리스도의 형상이 우리들 속에 형성된다는 것은 신앙에서이다. 눈으로 보는 상태에서가 아니다. 이 '신앙의 시간'이란 것은 그리스도의 '강림의 시간'과 그리스도의 '재림의 시간'과의 중간의 시간이다.

"보라, 아버지께서 어떠한 사랑을 우리에게 주사 하나님의 자녀라 일컬음을 얻게 하셨는고 우리가 그러하도다 그러므로 세상이 우리를 알지 못함은 그를 알지 못함이니라 사랑하는 자들아 우리가 지금은 하나님의 자녀라 장래에 어떻게 될 것은 아직 나타나지 아니하였으나 그가 나타내심이 되면 우리가 그와 같은 줄을 아는 것은 그의 계신 그대로 볼 것을 인함이니"(요일 3 : 1, 2)

이와 같이 우리들은 오늘날 이 신앙의 시간에서 살고 있다. 우리들은 현재 이미 '신앙에서' 그리스도 안에 거하며, 그리스도의 형상을 형성하면서 아직 나타내지 않은 그리스도의 형상을 기다리는 사람인 것이다.

복음은 '이미'와 '아직'이라고 말하고 있다. 복음은 이미 일어난 그리스도에게 있었던 일을 증언하면서 아직 생기지 아니한 일을 가리키고 있다. 우리들은 이 복음에 의해서 확신과 소망 속에서 그리스도의 형상을 형성하는 일에 참여하는 것이다.

● 기독교 교육은 그리스도의 복음을 가르치는 교육이다. 이 복음은 교회에 맡겨진 소식이다. 이 소식은 교회에서 선교되는 것이다. 따라서 복음에 의한 교육 즉, 기독교 교육은 교회의 선교와 관계를 가진다.

인간 속에 그리스도의 형상을 형성하는 일은 하나님의 역사하심이다. 하나님의 은총이며 기적인 것이다. 기독교 교육의 주체는 하나님이시다. 하나님이 인간 속에 창조하는 것은 그리스도의 형상이다. 이런 의미에서 기독교 교육의 내용은 그리스도 및 그리스도를 가르치는 것이 아니면 아니 된다. 하나님이 인간속에 그리스도의 형상을 형성하는 것은 성령을 통해서이다. 기독교 교육은 성령을 통해서 이루어진다. 즉, 그리스도의 인성에서 생긴 일이 지금 우리들 속에 구체화되는 것은 성령에 의해서이다. 기독교 교육은 하나님이 그리스도의 중보 매개성에서 성령을 통하여 행해지는 것이다.

선교도 교육도 다 교회의 기능이며, 그 주체는 하나님이시다. 이 양자의 구조를 비교해 본다면 선교는 수직의 면이 강하며, 교육은 수평의 면이 강하다. 즉, 선교는 하나님으로부터 수직으로 인간에게 내려오는 구조를 가지며 순간적인 것이며, 사건이다. 또한 기독교 교육은 수직적으로 하나님과 인간, 수평적으로 인간과 인간을 바로 알게 하는 것이다. 그에 반해서 교육은 프로세스(과정) 속에서 생기는 일들이며 커리큘럼에 의해서 계획적이고 계속적으로 행하는 것이다. 분명히 시간적인 것이다. 시간을 필요로 한다. 하나님이 인간을 긍휼히 여기시는 사랑의 뜻에서 선교도 교육도 있게 되는데, 선교는 지금 곧 여기에서 결단을 요구하는 면이 강하다. 이에 반하여 교육의 경우는 지금 가르친 것이 반드시 즉시 효과를 나타낸다고는 기대할 수 없다. 몇 년 뒤에라도 결실되기를 기다리는 성격이 있다. 하나님께서 인간을 사랑하는 까닭에 참고 기다린다고 하는 면이 있듯이 교육은 기다림이 필요하다.

기독교 교육은 복음에 의한 인간 형성의 기능인 것이기 때문에 문화적인 일반 교육과는 다른 구조와 특성을 가지고 있다. 교육은 문화적인 활동으로써 그 사체가 목적이다. 교육은 우리들의 생활의 목표가 되는 것이다. 기독교는 문화를 초월하고 있다. 문화로써 하나님을 본다면 하나님은 제 3인칭의 '그'가 되고 만다. 인간이 객체화한 하나님을 인식하는 것이 된다. 또한 하나님이 객체화 되고 만다. 그러나 기독교의 세계에서는 하나님은 제 2인칭의 '당신'이다. '나'가 불러야 할 대상이 되는 존재인 것이다. 내가 지금 여기에서 하나님 앞에 불림을 받고 나서는 것이다. 하나님과 나와의 관계는 '당신'과 '나'의 관계인 것이다.

기독교 교육은 기독교 신앙에 의해서 행해진다는 것을 앞에서 살펴 보았다. 기독교 신앙에 의지되어 있는 기독교 교육이 목표로 하는 것은 단지 문화가 아니라 문화를 초월한 것이다. 기독교 교육은 복음에 기반을 둔 것이다. 여기에 기독교 교육의 특수성이 있다.

기독교 교육은 다른 한 면에서 볼 때 그것이 교육인 까닭으로 인간이 경영하는 것이다. 그러나 그 경우 그 인간은 하나님의 사업에 봉사하는 것이다. 하나님이 인간을 사랑하는 그 사랑이 인간이 응답하는데에 기독교 교육이란 것이 인간에게 생기는 것이다.

이와 같이 '기독교 교육'이란 말은 하나의 모순된 개념이라고도 말할 수 있을 것이다. 그것은 일면 '기독교' 교육이 성립하는 요인이 하나님 측에 있으며, 교육의 주체도 하나님이라는 것에 있기 때문이다. 위에서 논하여 온 바와 같이 복음을 이해하는 한, 그렇게 말할 수 있게 된다. 기독교 '교육'은 교육인 이상 하나님께 대한 보답으로써 봉사하는 인간 경영이라고 규정하게 된다. 하나님으로부터 위탁받아서 복음을 긍정하는 인간형성의 사업에 인간이 봉사하는 것이다.

이와 같이 기독교 교육은 그 자체가 서로 모순된 점을 가지고 있다. 그것은 '기독교'가 문화를 초월한 것이며, '교육'은 하나의 문화이기 때문이다.

이와 같이 기독교 교육이란 매우 특수하다는 것을 잊어서는 아니 된다.

※기독교 교육의 특수성에서 수직적인 면과 수평적인 면을 구체적으로 말하면 다음과 같다.

1) 수직적인 면

하나님과의 관계를 말한다. 즉 하나님과의 조화를 이루는 것으로 예수께서 이 일의 중보자가 되셨다.

2) 수평적인 면

인간과의 관계를 말한다. 즉 인간과의 조화를 이루며 살아가도록 하는 것이다. '너도 이와 같이 행하라'는 주님의 말씀을 상기하라.(눅10 : 37)

십자가 속에서 위의 두 가지가 성취되기도 했다. 또한 십자가를 믿음으로 이 두 가지를 이룰 수 있다.

6. 기독교 교육의 목적

분명한 기독교 교육의 목적설정을 위해서는 목적 자체의 개념에 대한 분석을 필요로 한다. 그러므로 여기에서는 '목적'에 대한 어원적 분석을 시도해 보고, 교육에 있어서 목적의 기능과 그 중요성에 대해서 살펴보겠다. 그리고 기독교 교육의 목적이 무엇인지 언급하고자한다.

1) 목적의 어원적 분석

목적은 '일을 이루려는 목표, 의지에 따라 행위를 규정하는 방향'을 의미한다.[31] 목적은 헬라어로 $\tau\epsilon\lambda o\sigma$이라고 한다. 희랍세계에서는 이 단어를 '성취', 완전한 상태로서의 '완성', '의무', 신에게 바치는 '제물', 그리고 '분대(detachment)'나 '그룹'을 의미하였다.[32]

이 단어가 70인경(Septuagint)에서는 '실행', '목적', '결과', '보상', '최종 결과', '결론' 등으로 쓰였다. 그리고 '세금', '조공', '경건한 예배 행위'를 의미하였다.[33] 신약성서에서는 $\tau\epsilon\lambda\epsilon\omega$라는 동사로 쓰였을 때는 '성취하다', '수행하다'의 의미를 지녔으며, 공동체에게 부여된 교육의 '목적'(goal)으로써 사용되었다. '결말(issue)'이라는 의미에서, 이 땅의 '최종적인 운명'이나 인간행동의 종말적인 '결과'로 쓰여졌으며, 시작과는 반대되는 종결로서의 '끝(end)'을 의미하였다. 영광이나 생명의 '중지(Cessation)', 또는 '조공', '세금'들을 뜻하기도 한다.[34]

---

31) 민중서관 편집부 편. 국어대사전 서울 : 민중서관. 1981. p. 408
32) G. Fridrich(ed.), Theological Dictionary of the New Testament, vol. VIII. G.W.Broomiley(tr.), (Grand Rapids ; Eerdmans, 1972), pp. 49-51.
33) Ibid., pp.50-51.

라틴어로는 finis나 propositum이 쓰일 수 있다. finis는 findo(나누다, 이등분하다)에서 유래된 것으로 보이는데, '경계', '한계', 생명의 '종국', '정상', '극단'의 의미와 더불어, '목표', '목적' 등의 의미로 사용되었다.[35] propositum은 propono (앞에 두다)에서 비롯된 것으로, '고안(design)', '목적', '의도', '계획' 등의 의미가 있으며, '어떤 강좌의 주제'나 논리학에 있어서 '삼단 논법의 첫 번째 전제'를 의미한다.[36]

2) 목적의 중요성과 기능

짐 윌호이트(Jim Wilhoit)는 그의 저서를 '기독교 교육은 위기에 처해 있다는' 탄식으로부터 시작하는데 그의 '기독교 교육이 뿌리채 혼들리고 있는 현재의 위기는 바로 명백한 목적의 결여에 있다.'고 진단하였다.[37] 그의 지적은 타당하다. 기독교 교육을 포함한 현대 교육의 맹점은 목적을 무시한채 교육의 방법과 수단에만 지나치게 집착하는 데 있다. 그동안 우리는 조직적, 기술적 변화에만 너무 많은 노력을 쏟아온 결과, 교육의 근본인 목적문제를 무시해 왔다.

우리 인간은 목적 지향적 동물이다. 인간은 다른 생물이 가지고 있지 않은 상징(Symbol)을 조정하는 동물이기 때문에 목적을 가질 수 있다. 예컨대, 가장 졸렬한 건축가일지라도 가장 우수한 꿀벌보다 훌탑한 이유는, 건축가는 집을 짓기 이전에 이미 그것을 자신의 머리속에 다 짓고 있기 때문이다. 이처

---

34) Ibid., pp.54-56.
35) D.P.Simpson, Cassell's New Latin-English English-Latin Dictionary(5th ed. ; London : Cassell & company Ltd., 1975), p.248.
36) Ibid., p.481.
37) Jim Wilhoit, Christian Education & the Search for Meaning(Grand Papids : Backer Book House, 1986), p.9.

럼 우리 인간은 실제의 결과를 얻기 이전에 미리 스스로의 머리속에서 그 결과가 확실히 예견될 수 있는 어떤 목적을 그려 볼 수 있는 것이다. 하루에는 하루의 목표가 있고, 한 주일에는 한 주일의 목표가 있으며, 일년에는 일년의 목표가 있다. 개인에게는 개인의 목표가 있고, 가정에는 가정의 목표가, 민족에는 민족의 목표가 있는 것이다. 결국 인간은 목표와 떨어져서 존재할 수 없으며, 따라서 교육도 목적과 분리시켜 생각할 수 없다. 목적 의식이 없는 사람은 더 이상 진정한 의미의 사람이 아니다. 더우기 인간을 형성해 나가는 교육에 있어서, 교육자가 교육의 목적에 관한 기본적인 고찰없이 교육을 한다는 것은 무모한 일인 동시에 지극히 위험한 일이라 하지 않을 수 없다. 이는 마치 뚜렷한 목적지와 나침반도 없이 바람이 부는대로 망망대해를 표류하는 배를 연상케 하기 때문이다.

교육에 있어서 목적의 중요성을 살펴보려는, 무엇보다도 목적의 기능을 검토하면 그 의미가 분명하게 드러난다.

한 마디로, 교육목적은 '키'나 '나침반'의 역할을 한다. 즉, 교육목적은 교육의 전반에 걸쳐 작용하는 것이다. 이를 보다 구체적으로 살펴보면, 밀러(R. C. Miller)는 목적은 공동체의 교육적 삶을 지도하기 위해 존재한다는 전제하에 3가지 기능을 제시하였다.[38]

(1) 목적은 교과과정 자료의 집필자와 편집자를 위한 지침이다. 목적은 교육과정이 진행해 나가는 방향을 상기시켜 준다. 즉, 교육적 효과를 위한 다양성에도 불구하고, 학습 자료들의 통일성을 유지시켜 준다.

② 교사가 한 단원의 특별한 목표와 특별한 교과를 위한 목

---

38) R. C. Miller. '기독교 교육의 목적', M. J. Taylor(ed.) 기독교교육학 송광택 역(서울 : 대한예수교 장로회 총회출판사, 1988). pp.158-159.

표, **혹**은 일년 동안의 장기 계획을 세울 때, 목적은 요구되는 방향설정을 해주고, 이로써 무수하고 특별한 교육행위들이 적절한 결과를 행할 수 있는 것이다. 즉, 교육의 실제에 있어서 목적은 전체적 통제와 방향 감각과 안정감을 제공해 준다.

③ 목적은 평가의 근거를 마련해 준다. 잘 기술된 목적은 성취도에 대한 측정과 관찰 및 평가를 할 수 있는 적절한 지침을 제공해 준다.

폴 비에쓰(Paul H. Vieth)는 목적은 효과적인 교육을 위해서 필수적이라며, 다음의 5가지 중요한 기능을 제시하였다.[39]

(ㄱ) 바람직한 변화가 실현되도록 과정의 방향을 제시한다. 비록 교육의 가장 본질적인 것은 변화이지만, 변화 그 자체로는 아무 의미가 없다. 변화는 반드시 바람직한 방향으로 나아가야 한다.

(ㄴ) 교육활동을 위한 적절한 순서(sequence)를 제공한다. 목적은 각 과정 속에 의미를 부여한다.

(ㄷ) 바람직한 변화가 일어나도록 행동을 지도한다.

(ㄹ) 바람직한 행동이 발생하도록 효과적으로 사용할 수 있는 학습자료들의 선정을 지도한다.

(ㅁ) 교육의 과정의 유효성을 평가하는 수단이 된다. 목적은 바람직한 변화에 대한 규범(norm)으로서 교육의 전과정을 평가한다.

교육목적의 기능에 대한 이상의 논의를 요약하면, 교육목적은 다음과 같은 기능을 가진다.[40]

---

39) Paul H. Vieth, Objectives in Religious Education(New York : harper & Brothers, 1930), pp.20-21.
40) 최관경, '교육의 목적에 관한 연구'(박사학위논문, 한양대학교 대학원, 1982), p. 15.

첫째, 교육활동의 전과정에 기본적인 지향방향과 도달목표를 제시해 준다.

둘째, 교육자와 학습자에게 성취동기를 자극, 유발하여 준다.

세째, 교육활동에 대한 신념과 자신감 및 기대감을 갖게 한다.

네째, 교육활동에 대한 제반 평가기준을 제공해 준다.

아무튼 교육에는 분명하고 확고한 목적이 있어야 한다.

3) 기독교 교육의 목적

기독교 교육의 목적은 일반적으로 표현한다면 '인간으로 하여금 예수를 구주로 믿고, 아버지 되시는 하나님을 따르며 성서에서 보여주신 하나님의 뜻에 순종하여 살도록 하는 것이다' 라고 말할 수 있을 것이다. 즉, 기독교 교육은 '신앙고백'과 '하나님과의 교통', '신앙생활'이라는 세 가지를 지향하고 있다. 이 목적은 어느 시대, 어느 나라에서도 타당한 규정을 내리는 것으로서, 바꿔 말한다면 기독교 교육의 일반 목적인 것이다.

그러나 기독교 교육이란 문제를 추구해 갈 때, 좀 더 구체적이고 현실적으로 생각할 경우, 그 대상으로서의 인간은 여러 모양의 규정성을 가지고 있는 인간이라는 점을 생각하지 않으면 안 된다. 오늘날 우리 한국에서 행하려는 기독교 교육의 대상인 인간은 심리적으로나 생리적으로 제약을 받고 있는 인간인 것이며, 역사적으로도 또 사회적으로도 규정되어 있는 인간이다. 따라서 이러한 규정성을 받고 있는 인간의 문제성에 직면해서 기독교 교육의 목적을 생각해야 할 필요성이 있게 된다.

기독교 교육의 궁극적 목표는 종말적인 것으로서 파악되지 않으면 안된다는 것은 말할 나위도 없다. 예수께서는 "하나님 나라가 가까왔으니 회개하고 복음을 믿으라"(막1 : 15)라고 선언하셨는데 '하나님의 나라가 가까왔다.'라는 것도 종말적으로 이해되어야 하는 것이다. 예수 그리스도를 주라고 고백하거나 하나님과 교통하게 되거나 신앙생활을 한다는 것도 종말적인 의미를 갖는다는 것은 두 말할 나위도 없다. 하나님과 인간이 인격적인 관계를 갖는다는 것은 종말적인 일인 것이다.

그러므로 기독교 교육이 궁극적으로 종말적인 것을 목표로 해야 한다는 것은 당연하지만, 그 대상이 되는 인간은 현실적으로 '현대', '한국'이라는 시간적, 공간적으로 규정성을 받고 있는 상황(situation) 아래에 있는 인간이다. 그 인간이 그러한 상황 아래에서 '어떻게 구체적으로 신앙을 고백하는가?', '어떠한 신앙생활을 구체적으로 하는가?'가 추구되지 않으면 안된다. '그 인간은 어떠한 모습을 가진 것인가?' '어떠한 이상적인 모습을 가진 것으로 추구하지 안으면 아니 되는가?'를 묻게 된다. 그러면서 그 어떤 개인으로 하여금 예수를 구주로 시인하고 믿으며 그리스도를 닮아 가도록 하는 것이다.

여기에 기독교 교육의 목표로서의 인간상이라는 것이 문제된다. 따라서 그것은 현대, 한국이라는 제약성 아래에서 기독교 교육의 목적을 추구한 것이며, 시공을 초월한 교육 목적이 아니다. 바꿔 말한다면 그것은 기독교 교육의 특수 목적의 추구라는 것이 된다.

앞서 기독교 교육의 목표라고 표현하였다. 오늘날은 교육의 목적과 교육의 목표가 혼동해서 쓰이고 있는 실정이다. 그러나 엄밀히 말한다면 분명한 차이가 있는 것이다. 교육의 '목적'이라고 말했을 경우, 그 교육 전체를 통한 목적을 말하는 것이며, 교육의 '목표'라고 말했을 경우에는 그것의 단계적이고 점진적인 것으로서의 목적이 고려되어 있는 것이다. 즉, 학교 교육의 경우 국민학교, 중학교, 고등학교에 각각 그 교육 목표가 있고, 국민학교의 1학년, 2학년, 3학년에도 각각의 목표가 있다. 이와 같이 교회학교의 초등부나 중등부 등도 각각 교육목표를 가지고 있는 것이다.

교육의 목적은 앞에서도 언급한 바와 같이 교육의 일반 목적과 특수 목적으로 나눌 수 있다. 일반 목적을 교육의 목적으로 정하려고 할 때에는 그것을 정립시켜 나가는 데에 많은 어려움이 따른다.

● 일반 목적 '어느 인간으로 하여금 예수를 구주로 믿고 성경에 기록된 하나님의 뜻에 순종하며 살아가는 것'은 시대를 초월하고 국경을 초월한 보편적인 목적으로서, 기독교 교육의 일반 목표는 성서 속에서 명확한 해답을 찾을 수 있다. 특수 목적은 시대와 나라에 따라서 변화하는 목적으로서 기독교 교육의 특수 목적에 관해서 살펴본다면, 현대는 근세적인 기독교 교육의 목적과는 분명히 다른 뉘앙스를 가지고 있다. 또 한국의 기독교 교육은 외국의 그것과는 다른 점을 가지고 있다고 생각된다.

우리들은 기독교 교육을 수행해 나가려고 할 때 사명감을 가지고 감당하기를 바라고 있다. 그것은 사명감을 가지고 감당할 수 있는 목표를 세워야 한다. 여기에서 바라는 교육에서의 인간상은 현실 생활을 영위하는 인간으로서 구상되고 구체적으로 파악된 것이 아니면 아니 된다. 이러한 인간상이 분명히 제시됨으로 해서 교육은 힘이 있는 것으로 될 수 있다.

동양이나 서양을 막론하고 각 세대에서의 교육은 언제나 인간상을 제시하고 있다. 그런데 지금까지는 생활 속에 구상된 인산상을 세시해서 이것을 교육이 목표로서 내놓기를 피하고 극히 일반적인 목적을 제시하는 일이 많았다. 이러한 일은 힘 있는 교육을 이루는 기초가 되지 못하므로 충분한 검토를 필요로 한다.

예컨대, 오늘날 '인간의 개발' 혹은 '인격의 완성'이라는 일반적인 표현으로 교육이 계획될 때에는 극히 추상적인 무력한 교육밖에는 실현할 수 없고, 그것으로 교육을 계획하는 것은 불가능하다고 말해도 좋을 것이다. 그래서 어떠한 인간을 육성하려고 하는가를 분명히 표명하기를 교육자에게 요구한다.

그러나 기독교 교육은 참 신이면서 참 인간이 되신 예수 그리스도를 분명한 목적으로 제시할 수 있다.

어떤 사람은 '사람을 완전한 인간으로 되게 하기 위하여'라는 교육 목적론을 내놓았다. 이러한 표현은 옛날의 '교육학 개론' 등으로 불리우는 교육서적에서 흔히 볼 수 있는데 이와같은 표현은 극히 추상적이라고 볼 수 밖에 없다. 또 '교육기본법', '학교 교육법' 등 교육 관계의 여러 관계의 여러법규에 나타난 교육의 목적도 규정이기는 하지만 역시 추상적이라고 아니할 수 없다.

●기독교 교육의 일반적인 목적은 위에서 언급한 대로이며 기독교 교육의 구체적인 목적은 : 첫째 기독교 사상 형성이며, 둘째 기독교 인격훈련, 세째 그리스도인의 생활, 네째 기독교적 사회를 건설하는데 두고 있다.

4) 학자들의 견해

① 웨스터 호프(J.H.Westerhoff)의 견해

웨스터 호프가 말하는 종교 사회화로서의 기독교 교육이 이루어지는 현장은 기독교 신앙 공동체이다. 따라서 바람직한 신앙 공동체의 형성은 웨스트 호프의 기독교 교육에 있어서 가장 핵심적인 위치를 지지한다 주, 웨스터 호프는 전인적인 신앙의 양육이 신앙 공동체를 통하여 이루어지며, 그것이 나타나는 양상은 신앙 공동체 구성원들의 기독교적인 삶의 스타일이 형성되는 것으로 본다. 그러므로 웨스터 호프의 기독교 교육 목적은 일차적으로는 신앙 공동체의 형성을, 이차적으로는 기독교적인 삶의 스타일의 형성을 의미한다.

● 신앙 공동체의 형성

웨스터 호프는 신앙이란 가르쳐질 수 없으며, 신앙 공동체에서의 종교사회화 과정에 의해 양육되고 전달되는 것이라고 하였다. 즉, 신앙의 교육은 신앙 공동체의 삶과 행동을 통하여 이루어진다. 환언하면, 교회는 신앙 공동체의 존재함에 의해서, 그리고 사람들에게 메시지의 경험을 제공함으로써 신앙을 전달한다는 것이다.41) 웨스터 호프는 이러한 신앙 공동체를 '긍정적으로 하나님께로부터 받은 선물이며, 우리가 성례전 속에서 축하하고 예찬하며 복음의 심판과 격려 아래서 살아가게 되는 생활을 통해서 승인되는 비의'라고 하였다.42) 웨스터 호프에게 있어서 신앙 공동체는 곧 교회를 의미하는데, 교회는 하나님에 의해 창조된 공동체로서 철저하게 타자를 위한 공동체로 이해하였다.43) 교회란 결코 그 자체를 위해 존재하는 공동체가 아니다. 즉, 교회는 결코 그 자체가 목적일 수 없으며

41) John H. Westerhoff, Values for Tonorrow's Children(Philadelphia : Pilgrim Press, 1970), pp.67.
42) John H. Westerhoff, 교회의 신앙교육, 정웅섭역(서울 : 대한기독교 교육 협회, 1986), p. 101.
43) Ibid., p. 85.

오히려 수단에 지나지 않는다는 것이다. '증언 공동체'로서의 교회는 역사 속에서 구체적인 행위자로서 존재하지 않으면 안 된다. 교회가 지니고 있는 이야기, 비전, 복음 이 모두가 잘 전달되는 최선의 방법은 교회의 존재방식, 곧 이 세계에 있어서 교회의 언행일치를 통해서이다.[44] 그러므로 학교형의 범례로부터 '신앙과 문화를 형성하는 공동체의 범례'[45]로의 전환을 위해서 신앙 공동체의 근본적인 본질과 특성에 주의를 기울일 필요가 있다.

웨스터 호프는 신앙 공동체가 지니는 고유한 특성을 다음과 같이 4가지로 설명한다.

첫째, 의미있는 공동체에 있어서는 사람들이 공통적인 기억 혹은 전승, 곧 삶에 관한 공통의 이해와 삶의 방식, 공통의 목적과 의지를 공유하고 있다.[46] 공동체는 본질적 요소에 있어서의 일치, 곧 그 공동체가 지니는 이해, 가치, 방침에 있어서의 통일이 불가결하다. 서로가 인정할 수 있는 관용성을 지닌 다양성은, 다만 특정하고 비본질적인 범위에 있어서만 용인되는 것이다. 결국 공동체는 명확한 자기 동질성(identity)을 가지고 있다. 다원성(pluralism)은 동질성 안에서만 가능한 것이다. 더우기 신앙 공동체는 스스로 믿는 내용에 관해 일치해 있어야 한다.

둘째, 신앙 공동체는 그 구성원들이 의미와 목적을 지닌 상호작용을 유지할 수 있을 정도로 소규모적이어야 한다.[47] 300명이 넘는 교회는 신앙의 유지, 전달, 전개를 하는데 있어서 본질적 상호 연관작용을 결손, 탈락시킬 위험성이 크기 때문

---

44) Ibid., p.85.
45) Ibid., p.97.
46) Ibid., pp.102-103.
47) Ibid., p. 103.

이다. 신앙 공동체가 현실성과 의미를 지니기 위해서 친숙한 교제와 서로의 배려를 경험할 수 있어야 하고, 또한 신앙과 생활의 교류를 서로 나눌 수 있는, 강한 유대로 맺어진 공동체의 친밀한 관계속에서 상호작용하는 일이 필요하다. 대규모적인 교회라면 그 대단위 속에 보다 작은 공동체들의 생활을 확보할 필요가 있는 것이다.

셋째, 참다운 공동체는 3개의 세대가 공존하며, 그 안에서 상호작용이 일어날 필요가 있다.[48] 제 1세대에는 미래를 향한 비전을 지닌 세대이며, 제 2세대는 현재에 사는 세대, 또한 제 3세대는 과거의 기억을 지니고 있는 세대이다. 여기서 제 2세대는 제 3세대인 기억의 세대와 제 1세대인 미래의 세대 사이의 교량 역할을 함으로써, 현재의 삶 속에서 올바른 정체를 확립해 나갈 수 있게 된다. 각 세대가 서로 독립적인 역할과 공헌을 할지라도, 각 세대 사이의 상호작용 및 통합이 이루어지지 않는다면 진정한 신앙 공동체로서 존속하기가 힘들 것이다.

넷째, 참다운 공동체는 그 각각의 세대가 하는 역할을 통합해야 한다.[49] 신앙 공동체는 사도, 예언자, 교사 등 여러 다양한 은사를 지닌 사람들에 의해 구성되어야 하며, 이러한 은사들은 서로 협력되어야 하는 것이다. 따라서 신앙 공동체가 인종과 사회적·경제적 지위, 국적, 민족적 기원에 의해 분할되는 경우라든지, 성별에 의해 특정한 역할이 붙도록 고정화되거나 혹은 평등한 지위가 거부되는 일이 있다면 거기에는 진정한 신앙 공동체는 존재하지 못할 것이다.

이러한 신앙 공동체 안에서 만이 전인적인 신앙의 양육이

---

48) Ibid.. pp.103-104.
49) Ibid.,pp.104-105.

가능하므로, 이를 위해서는 교회가 참으로 의미있는 신앙 공동체가 되어야 한다. 종교사회화 모델에서의 기독교 교육을 위해 웨스터 호프는 우선적인 3가지 매개(means)를 제시한다.[50]

첫째는, 개인의 신앙을 구현하고, 그것을 의미와 비전을 유지하고 전수하는 의미있는 '의식(종교의식)'들을 창조하는 것이다.

둘째는, 공동체 안에서 '경험'의 의미를 나누고 그것을 신앙을 성찰하는 기회를 가지는 것으로, 거기에서 자신과 세계에 관한 질문에 대해 통합된 응답체계를 발전시킨다.

세째는, 개인의 신앙을 실제화하며 자신의 가치를 따라 살려고 하는 욕구로부터 나타나는 개인적이며 사회적인 문제들에 대한 계획된 '행동'의 기회를 제공하는 것이다.

● 기독교적인 삶의 스타일 형성

웨스터 호프에게 있어서 기독교 교육이란 신앙 공동체 안에서 종교사회화의 과정을 통하여 신앙이 전달되는 것을 의미한다. 그러므로 앞에서 살펴본 그의 교육목적은 진정한 신앙 공동체의 형성이었다. 여기서 '진정한 신앙 공동체'라는 것은 그 공동체 나름의 독특한 삶의 스타일이 존재하는 공동체를 의미하는 바, 웨스트 호프는 이를 '기독교적인 삶의 스타일'이라고 부른다. 그러므로 웨스터 호프의 기독교 교육의 실제적인 목적은 종교사회화를 통한 기독교적인 삶의 스타일을 형성하는 데 있는 것이다. 이는 신앙 공동체 안에서의 삶 속에서 자연스럽게 획득되는 것이다. 지금까지 교육은 주로 지적인 영역을

---

50) J. H. Westerhoff and G.K. Neville, Generation to Generation(Philadelphia : united Church Press, 1974), p. 83dlgk. J. H. Westerhoff, 기독교교육 논총 김재은 역(서울 대한 기독교 출판사, 1978), pp. 97-103 참조.

강조해 왔는데, 삶의 스타일이란, 인간의 생각과 느낌과 행동 등 전인적인 교육을 요구한다. 특히 웨스터 호프는 신앙의 행동적인 측면을 강조한다. 따라서 웨스터 호프에게 있어서 '어떤 사람을 그리스도인이 되도록 교육하는 것은 그에게 사실들과 정보들을 제공하는 것을 포함한다. 포함한다. 그것은 기독교에 대하여 그에게 많은 것을 이야기하는 것을 의미한다. 그러나 어떤 사람을 그리스도인이 되도록 교육하는 것은 상당히 다른 문제로써, 그것은 그로 하여금 '기독교적 행동(act Christian)'을 하는 공동체의 삶 속에 적극적으로 참여하도록 초청하는 것이다.51) 그리고 그는 '우리의 사회적 행동을 기도와 경건생활의 일환으로 보도록 배워야 한다'며, '우리가 성서의 메시지인 복음을 지·정·의의 총제적인 우리의 행위로 행동화(actout)하기 전에는 그것을 이해했다고 말할 수 없는 것이요, 신앙이라고 할 수 없다'고 주장한다52) 이러한 기독교적인 삶의 스타일은 신정통주의에 근거한 개인적 신앙도, 자유주의에 근거한 사회의 증인만도 아니다. 그러므로 웨스터 호프는 '정치성(사회참여)이 없는 경건은 메마르며, 경건성이 없는 정치성은 생명이 없다.'고 말한다.53) 즉, 바람직한 기독교적 삶의 스타일은 개인적 신앙과 사회 증인 중 어느 하나만을 택하지 않고 모두 선택하여 삶 속에 나타내는 것이다. 그리스도인과 공동체로서의 수레바퀴이어야 하고, 역사적인 대행자(Historical agent)이어야 한다.54) 진정한 기독교인의 삶은 정치적, 사회적, 경제적 세상에서 하나님의 통치를 위하여 사는

---

51) Westerhoff, Values for Tomorrow's Children. p.40.
52) Westerhoff, 기독교교육 논총. p.102.
53) John H. Westerhoff, 내적 성장 외적 변화. 홍친화 역(서울 : 대한기독교 출판사, 1984), p.25.
54) Ibid., p.31.

개인적 및 사회적 삶인 것이다.[55]

이러한 삶의 스타일은 세상을 방랑할 자유를 얻은 순례자의 모습에서 구체적으로 나타난다. 자유하는 순례자의 모습은 세상에 속하지 않으면서도 세상에 속한 사람이요, 그 자신의 노력에다 그의 희망을 걸지 않으면서도 그의 노력으로 인간을 통하여 세상에서 역사하시는 그의 하나님을 섬길 수 있다는 것을 믿는 사람이다. 그러한 자유의 결과는 새세계의 비전을 가진 나그네와 이방인으로서 세상에서 모험할 능력을 가지는 것이다.[56] 우리는 방랑자로서 앞을 향해 나아가도록 부르심을 받았다. 우리는 순례자로서 우리가 나가야 할 바를 알지 못하거나, 엄밀히 말하면 그 길이 어디로 나있는지도 모른다. 그러나 신앙 안에서 기꺼이 방랑하려 하지 않는다면, 우리는 아마도 내일을 위하여 무가치하고 준비도 안된 하나님의 백성이 될 것이다[57]

② 리쳐즈(L.O. Richards)의 견해

리쳐즈에게 있어서 교회는 세상의 다른 인간 기관과는 구별되는 그리스도의 몸으로서 그리스도의 생명을 지닌 유기체이다. 생명을 지닌 유기체는 성장하게 되어 있으며, 기독교 교육은 이러한 몸의 성장을 효과적으로 도와 주도록 계획되어야 한다. 따라서 기독교 교육의 목적은 개인적으로는 그리스도의 생명을 소유한 각 지체들이 그리스도의 생명이 보다 완전한 상태로 자라나도록 하는 데 있다. 다시 말해서 그리스도를 닮아가는(Christlikeness) 제자직의 수행인 것이다.[58] 그런데 기

---

55) Ibid., p. 40.
56) Westerhoff, 기독교교육 논총, p. 69.
57) Westerhoff, Generation to Generation, p. 89.
58) L. O. Richards, 교육신학과 실제, 문창수역(서울 : 정경사, 1984), p.83.

독교 교육의 목적을 제자직의 수행에 두는 이러한 견해는, 기독교 교육이 이전의 학교식 내에서 이뤄진다고 생각하기 보다는 하나의 공동체 안에서 이뤄진다고 가정하는 것이다. 그러므로 기독교 교육은 지식을 산출할 뿐 아니라 하나의 공동체 즉, 이 세상에서 예수님을 닮은 사람들의 공동체를 산출하는 데에 그 목적이 있다.[59]

● 그리스도를 닮은 제자화

그리스도인이 된다는 것은 그리스도의 생명을 소유함을 의미한다. 본래 신적 생명은 하나님의 창조시에 인간에게 부여된 것이었으나, 인간의 타락으로 말미암아 상실하였다. 그러나 하나님의 은혜는 그리스도를 통하여 생명의 회복을 약속하셨다. 그리스도가 우리에게 새생명을 주실 때, 우리는 하나님이 계획하신 삶의 의미를 이해하고, 그 생명을 시작하는 능력이 새로워진다. 그리스도는 타락으로 말미암아 죽음으로 임한 모든 영역에 생명을 가져오시며, 그 생명과 함께 힘차게 역사하는 능력을 가져오시므로 우리로 하여금 성장하며 변화하게 하신다. 결국 기독교 교육은 생명으로서의 신앙을 전달하고 양육함을 목적으로 하는 것이다.[60]

세상의 모든 생명이 그러하듯이 생명은 반드시 그 나름대로의 고유한 성격과 성질을 가지고 있다. 식물의 씨앗은 자라면 그 종류를 알 수 있고, 동물의 세포도 자라면 그 생명의 특성이 나타난다. 토끼의 세포는 토끼를 만들게 되고, 말의 세포에서는 망아지가, 사람의 세포에서는 사람이 나오게 마련이다. 이와 같이 하나님이 그리스도 안에서 우리에게 주신 생명은

---

59) Ibid., p. 135.
60) Ibid., p. 14.

하나님의 생명으로서 그 자체의 성질과 성격을 가지고 있다. 그러므로 이 생명이 우리 안에서 점차 자라갈수록 우리는 점진적으로 그리스도처럼 되는 것이다. 우리는 하나님의 생명을 받은 하나님의 자녀로서 그를 닮아야 할 사명을 지니고 있다.[61] 따라서 기독교 교육의 목적은 그리스도를 닮아가는 그리스도의 제자가 되게 하는데 있다.

그리스도를 닮는다는 것은 종말론적이며, 또한 현재적인 것이다. 요한은 "사랑하는 자들아, 우리가 지금은 하나님의 자녀라. 장래 어떻게 될 것은 아직 나타나지 아니 하였으나, 그가 나타내심이 되면 우리가 그와 같은 줄을 아는 것은 그의 계신 그대로 볼 것을 인함이니"(요일3 : 2)라고 하여, 종말에는 우리가 그리스도를 완전히 닮아 그와 같게 될 것이라고 말하고 있다. 반면에 우리는 지금 영생을 소유하고 있으므로 현재의 시공간 안에서 살며 점차 그를 닮아가야 한다. 성경의 수많은 윤리적 권면은 현재 우리의 삶을 통해 하나님의 수준에까지 닮아갈 것을 요청하고 있다. 바울은 "서로 용서하기를 하나님이 그리스도 안에서 너희를 용서하심과 같이 하라"(엡 4 : 32)며, 우리가 '새사람을 입었으니 이는 자기를 창조하신 자의 **형상**을 좇아 지식에까지 새롭게 하심을 받는 자니라'(골3 : 10)고 말했다. 따라서 우리는 현재 하나님의 생명을 소유하고 있기 때문에 점차 그를 닮게 되어 있다. 이러한 점진적인 과정으로서 새생명 성장을 이해하는 것은 기독교 교육이 하나의 물건을 만들어 내기 위한 것이 아니라, 우리가 정상적으로 그리고 건강하게 자라도록 성장과정에 필요한 것을 공급하도록 한다는 것이다.[62]

---

61) Ibid., pp.22-23.
62) Ibid., p. 24.

결국 리쳐즈에게 있어서 기독교 교육은 생명, 곧 사람 속에 있는 영생의 성장에 관여하며 그것을 주신 하나님에게까지 닮는 것에 관여하는 것으로써, 그리스도의 제자가 되어가는 것을 그 목적으로 삼고 있다.

● 바람직한 신앙 공동체의 형성

리쳐즈는 기독교 교육을 '계시된 실재의 경험을 공유하기 위하여 신앙 공동체를 지도하는 과정'이라고 이해하였다. 즉, 기독교 교육에 있어서 바람직한 신앙 공동체의 형성은 필수적인 것으로써, 일정의 목적이 된다.

인간은 창조될 때부터 사회적 존재 즉, 공동체적 존재로 창조되었다. 그리고 기독교 교육신학의 출발점을 교회론으로 여기고 있는 리쳐즈에게 있어서, 각 개인은 그리스도의 몸인 교회의 지체이다. 그러므로 기독교 교육은 신자들 속에 있는 그리스도의 생명이 점진적으로 발전하도록 적절히 강화하기 위해 몸을 하나의 전체로써 다뤄야 한다. 기독교 교육을 회중의 전체 생활로부터 고립시키는 것은 치명적인 과오이다. 기독교 교육의 과제는 몸의 모든 지체를 상호봉사적 관계로 이끌어 주는데 있어야 한다.63)

바람직한 공동체를 형성하기 위해서는 무엇보다도 긴밀한 몸의 관계를 유지해야 한다. 기독교 교육은 과업이나 프로그램에 일차적인 관심을 두어서는 안된다. 오직 사람과 사람들과의 관계에 일차적인 관심을 가져야 한다. 이러한 몸의 관계는 먼저 사랑의 관계이다. 예수님은 사랑을 '새 계명'이라고 하셨다. 사랑은 몸 안에서 한 가족됨을 나타내는 특별한 표시이다. 바울은 사랑을 지식이나 예언보다 우월하게 생각했다(고

---

63) Ibid., p. 26.

전 13 : 8). 이러한 것들은 기독교 교육의 목표인 그리스도를 닮음으로 인한 인격의 변화에 기여를 못했지만, 사랑은 이 일에 결코 실패하지 않는다. 진리가 그 변화력 있는 공격을 인격에 가져오기 위해서는 사랑이 절대 중요하다. 진리는 그리스도를 향해 신자의 인격을 개조하고 새롭게 하는 친밀한 사랑의 관계에서만 전달되는 것이다.[64] 그리고 긴밀한 관계를 유지하기 위해서는 하나님께서 주신 영적 은사를 사용하여 서로의 몸을 세워주는 관계에 있을 때, 몸과 개개 신자의 성숙이 이뤄질 것이다. 영적 은사는 교회를 섬기기 위해서, 그리고 각 신자들이 그리스도를 닮아가는데 뒷받침하기 위한 것이다.[65] 이는 각 체제들을 만인제사장론에 입각한 상호작용을 통해 서로에게 변화의 과정을 보여주는 다양한 복수모법이 되게 하여 진정한 기독교 교육이 일어나게 하는 것이다. 따라서 그리스도인은 그리스도의 생명을 발전시키기 위해 '만인의 상호사역과 만인을 위한 상호사역'이라는 성서의 교훈을 반영해야 한다.[66] 이는 그리스도의 인격을 닮은 제자의 삶이 기독교 교육의 과제라면, 진리에 대한 고립된 언어의 나열에 교육적 노력을 집중하기 보다는 진리가 하나의 현실(reality)로 생활화 되는 공동체를 형성하는데 교육적 관심을 기울여야 한다는 것을 의미한다.[67]

결국, 리쳐즈의 기독교 교육목적은 몸의 성장을 통하여 그리스도의 생명을 풍성하게 하는 것으로, 이는 그리스도를 닮아가는 제자직의 수행과 바람직한 신앙 공동체의 형성을 통해

---

64) Ibid., p. 51.
65) Ibid., p. 25.
66) Ibid., p. 55.
67) 고용수 '교육 과목회' L. O. Richards의 '교육신학을 중심으로' 교육교회 제 93호 1983. 6-7. p.293.

서 이루어진다.

웨스터 호프와 리쳐즈의 교육목표는 구성원 각자가 자신의 삶속에서 자신이 믿고 있는 신앙을 강조하는 것이다. 이는 지금까지 기독교 교육이 지식 위주의 정보전달에 치중해 왔던 것을 고려해 볼 때, 정당하고 가치있는 강조이다. 그러나 신앙이 실천되어지는 삶의 영역에 대한 이해에 있어서 이들의 입장은 차이를 보인다. 리쳐즈가 개인의 삶과 신앙 공동체로서의 교회형성에 초점을 두는 반면, 웨스터 호프는 사회변혁에 강한 관심을 보이고 있다. 웨스터 호프는 "우리는 개인이든 공동이든 간에 기독교인으로서 세계 변화에 개입되어 있다"고 전제하고, "그리스도의 제자로 훈련받은 신자들은 이 세계 안에서 역사적인 하나님의 활동을 대신하는 그의 사역자이다"라고 강조한다.

이러한 공동체 중심적인 교육목표는 개인의 중요성을 상실할 소지가 있다. 더우기 웨스트호프의 경우, 사회변혁 지향적인 교육모델의 지나친 강조로 인하여 개인과 공동체 모두를 사회변혁을 위한 수단으로밖에 강조하고 있지 않아, 이 양자가 가지고 있는 내재적이고 본질적인 가치 즉, 자체의 목적성은 경시하고 있다. 훼케마(M. Fakkema)는 "하나님이 의도하신 인간의 삶은 개체주의(individualism)와 공동체주의(communalism)가 균형점을 찾을 때 행복해 진다"며, 이 양자는 상관관계를 맺고 있어서, 균형을 유지해야 한다고 말했다.[68]

리쳐즈의 교육 개념에서 살펴본 바와 같이, 하나님은 모든 진리와 실재의 근원이시기 때문에 교육은 불가피하게 기독교적이어야 한다. 환언하면 교육의 목적은 원래 기독교적이다.

---

68) M. Fakkema, Christian Philosophy & Its Educational Implications, Book I(Chicago : Christian Schools Service, n.d.). p.27.

64 기독교 교육학 개론

그러므로 기독교 신본주의 세계관은 기독교 교육의 복적과 목표의 형성을 위한 견고하고 명백한 기초를 제공해 준다.[69] 윌호이트(J. wilhoit)는 기독교 세계관에 근거하여 기독교 교육의 목적을 '사람들로 하여금 삶의 의미와 목적과 세계에 대한 하나님의 포괄적인 시야(view)를 습득하도록 돕는 것'[70]이라고 했다.

분명한 것은 그리스도인에게 있어 교육의 목적은 구속적인 (redemptive) 것이다.[71] 교육의 목적은 그리스도와 같은 인격과 품행으로 인도하시는 그리스도로 말미암아 인간안에 하나님의 형상을 회복하는 것이다. 기존의 교육목적은 이러한 개념에 대한 상이한 진술일 뿐이다. 밀러(R. C. Miller)도, "우리는 하나님의 은혜와 인간의 신앙 사이의 관계와 우리가 소명받은 일을 이해하도록 도움받을 수 있다. 목적은 적절한 안내 역할을 하기 위해 이 세 가지 요소들에 관련되어야 한다"고 했다. 그러나 여기서 제기되는 한 가지 문제점은 기존의 교육목적 설정이 구체적이지 못하다는 것이다. 물론 목적은 목표와는 달리 목표의 상위개념으로서 다분히 추상적이며 일반적이기는 하지만, 기존의 기독교 교육 목적은 목적 이상의 이념에 가까운 개념을 가지고 있다. 왜냐하면 이념(Ideal)은 교육의 원천이며 출발점이며, 교육목적이나 교육목표보다 훨씬 상위의 가치로서 모든 교육행위의 방향을 잡아주는 근본원리이요, 근본정신이기 때문이다. 즉, 이것은 '완전한 실현 가능성'이 회박한 이상적 지도원리이다.[72] 가령, 훼케마(M. Fakkema)가 "기독교

<hr>

69) H. Byrne, 기독교교육총론, 신현광 역(서울 : 대영사, 1988)
70) J.Wilhoit, p.13.
71) H. Byrne, p. 114.
72) 최관경, p. 22.
  피터스(R. S. Peters)는 복표와 이념의 구분을 '실천가능성' 여부에 두고 다음과

교육의 목적은 a. 주관적으로 하나님께 영광 돌리는 것이고, b. 객관적으로도 하나님께 영광돌리는 것이며, c. 공통적으로도 하나님께 영광 돌리는 것이다"[73]라고 언급했다면, 기독교 교육의 목적을 하나님께 영광돌리는 것이라고 말할 수 있겠는가? 오히려 그것은 교육의 이념이라 할 수 있다. 디종(N. DeJong)도 "교육의 궁극적인 목표는 명백히 추상적이다. 우리의 모든 교육의 최대 목적은 하나님을 알고 그를 영원토록 즐겁게 함에 있다고 할 때, 이는 현실 생활의 범주 내에서는 결코 달성될 수 없는 것이 자명한 일이다"[74]라고 지적하고, "이러한 궁극목적이 지닌 문제점은 기독교 교육자들 중에서도 극소수만이 이를 교사와 부모들에 의해 실제적, 기능적으로 적용 가능한 목표로 제시할 수 있다"고 했다. 그러므로 바람직한 기독교 교육이 발생하기 위해서는 궁극적인 재진술을 적용할 수 있는 목적과 목표로 바뀌어야 한다.

5) 구약시대 교육 목적

유대인들의 조상은 히브리 민족이었는데 역사상 예수 그리스도의 탄생 이전에 모세의 율법을 통하여 유대인들이 지켜오던 교육목표가 있었다. 유대교 교육은 민족의 생활을 최고 목표로 삼았다. 종교와 교육이 생의 근본 목표이다. 교육은 종교적 의무요, 계명이므로 유대인들에게 있어서는 일평생 연속해

같이 말했다. '목표들은 그것을 달성함에 있어 명백히 실천 불가능한 사항들의 사상들을 상세하게 지울 수 없다. 이러한 관점에서 문제는 제기함이 없이 한 교사로서 그의 이념들을 상세하게 설명할 수 있다. 반대로 그가 목표를 형성하려고 기도한다면 그는 실천 가능성을 고려하여야 한다. 'P. H. Hirst and R. S. Peters. 교육의 재음미, 문인원 외역(서울 : 배영사, 1979). p. 63.

73) 김득룡, 기독교교육원론(서울 : 총신대학출판부, 1986). p. 315. M. Fakkema. Book Ⅲ, Appendix C-4-2에서 인용

74) N. DeJong. p.110.

야 할 과업이었다.75) 왜냐하면 모세 오경 중 첫째권인 창세기에 보면,76) 인간은 하나님의 형상대로 창조함을 받았기 때문이다. 다른 동물보다 우월하게 창조해 주셨는데, 그 점은 곧 하나님의 형상을 닮은 점이다. 고로 자기의 근본을 알고 자기 실현을 이룩하는 것을 교육의 목적으로 삼았다. 세상에 유대인만큼 교육에 성공한 나라가 많지 않다고 할 정도로 당시에는 훌륭한 교육의 나라였다. 유대인이 교육에 성공한 이유는 그들에게 확고한 신앙의 확립이 있었기 때문이다. 구약성경 신명기 6장에 보면 출애굽 당시에 모세의 십계를 통하여 철저한 신앙정신과 굳은 의지와 신앙생활의 관습과 제도가 확립되었음을 알 수 있다. 유대인들은 B.C 586(예루살렘 함락년)까지는 전기라고 역사가들이 부르는데 바벨론 포로를 분기점으로 하고 있으며, 포로 이후 초대 기독교 시대까지를 후기로 구분하고, 이것을 히브리 교육과 유대교육으로 나누고 있다.77)

히브리 민족은 민족 생존을 위한 생애교육이었으므로 일정 기간이나 일정 학생에 국한하지 않고 평생을 통한 전국민의 성인교육과 사회 교육이었다고 할 수 있다. 이런 국민교육, 민족 교육이 히브리 민족의 교육 목적이다. 그들은 출애굽을 기념하기 위하여 누룩없는 떡78)을 먹으며 고난을 극복하는 정신과 신앙교육을 강조하였다. 포로 이후에 유대인들은 '토라'를 통하여 민족교육의 이념을 삼고 유일신을 숭배하는 것이 교육 목표였다. '토라'는 율법이나 교훈 등을 번역한 경전으로 궁극

---

75) Pyhilop H. phenix(ed) philosophies of Educationh. newyoyork : John wiley and sons. 1962. pp. 87-88
76) 성경 창세기 1 : 27 '하나님이 자기 형상 곧 하나님의 형상대로 사람을 창조하시되 남자와 여자를 창조하시고'
77) Lewis J. Sherrill, The Rise of Christian education.
78) Lewis J. Sherrill, the Rise of Christian Education.

목표는 '거룩함'이다. 이는 완전한 인간을 의미하며, 완전한 인간은 하나님의 형상을 완전히 닮아가는 것을 말한다. 이것이 예수 당시에는 두 가지로 불리워 졌다. 구전 '토라'는 '미드라쉬'의 방법과 '미쉬나'의 방법으로[79] 전해졌는데 '미쉬나'법이 더 성행했으며, 이것은 후에 '탈무드'법전을 이루었다. 이와같은 유대인들의 교육목적은 정치, 법률, 교육, 기타 생활 전체에 관련된 것이므로 국가 건설에 이바지 하는 것이다.[80] 유대인은 누구나 그들의 종교적 필수 조건들을 전수하는데 어떤 차별이 있다고 비난할 수가 없었다. 왜냐하면 종교 생활에서 절대적인 축복의 경험이 있었기 때문이다.[81] 그러나 불행하게도 율법에 관한 외부적 순응만이 율법적 유대주의의 주요 목적이 된 것 같다. 그런데 유대종교는 원죄 관념이 없었다. 이것은 기독교와의 비교에서 큰 차이점을 나타내는 것이라고 하겠다. 유대종교가 율법을 강조한 나머지 사람의 생명적 가치를 떨어뜨리게 하고, 선민의식을 강조한 나머지 이방인들의 생명을 지나치게 무시하는 경향에 빠졌다.[82] 이 때에 탄생한 예수는 이런 헛점을 지적하였다. 그리스도의 교육목적은 이스라엘 선민에게만 있는 것이 아니라 전 인류의 아버지임을 알게 하고, 전 인류중에 누구라도 원죄를 알며 죄를 빌 때 그 믿음에 의해서 구원받아 하나님의 자녀가 될 수 있음을 교육하는 것이었다. 그리고 그런 교육을 세우신 하나님의 뜻을 실현하시기 위하여 그리스도는 대속의 십자가를 지실 것을 각오하신 것이다. 즉, 유대교 교육목적과 다른 점은 원죄·대속·회개·신앙을 통하여 구원

---

79) '미드라쉬'는 성경주석의 양식으로 교육하는 것이고, '미쉬나'는 주석의 도움없이 구전교훈을 반복암기 하는 것이다. 이것은 구전율법의 본문이다.
80) 장석영, 기독교 윤리와 사회제도, 서울 : 대한기독교서회, 1957, p.195.
81) 출애굽기13 : 21, 14 : 13~31, 16 : 4~21, 신명기 7 : 13~14.
82) 교회교육지침서, 서울 : 기독교장로회총회 종교교육부, 1961, p.7.

받는 길은 선민뿐만 아니라 온 세계 인류가 그 대상이 된다는
점이다.

6) 신약, 초대교회 교육 목적

교회가 교회를 존재하는 원동력은 그리스도의 십자가의 죽
음과 부활에 의한 것이다. 교회는 그리스도를 주로 고백하고
그의 말씀에 의한 삶을 사는 신앙의 공동체라고 할 수 있다.
이 신앙 공동체인 교회는 예수를 주로 고백하는 예배행위와
이들을 가르치며 그리스도의 제자화를 만드는 교육적 행위의
두 가지 기능을 유지해 왔다고 할 수 있다. 예수를 주로 고백
한 초대 기독교 공동체는 온 세계를 향해 복음을 선포하였고,
그들이 흩어짐 속에서 복음을 설교하여 가르침으로써 교회는
확장되어 갔다. 특히 오순절 경험 이후에 시작된 공동체의 삶
은 그 자체가 교육이었다. 즉, 그들의 신앙생활, 사도들의 가르
침, 성도의 교제, 기도와 떡을 함께 떼는 일 모두가 그들의 공
동체 안에서 형성되고 전수되었다. 그것이 곧 교육의 현장이
었던 것이다(행 2 : 43-47). 은준관 교수는 초대 교회의 교육
구조적 형태를 다음과 같이 나누고 있다[83]
　① 예배행위와 교육행위가 혼합된 형태
　② 성만찬에 이어진 공동 식사에서의 교육현장
　③ 가정에서의 교육
따라서 초대교회의 교육 목적은 예수 그리스도의 죽음과 부
활에서 나타난 구속사적 복음선포와 그의 말씀에 따라 사는
신앙 공동체를 형성하는데 있다고 볼 수 있다. 정웅섭 교수는
초대교회의 교육적인 면에서 살펴볼 때 '선포하는 교회'에서

---

83) 은준관 '교육신학 대한기독교 서회' 1982. p.101.

'가르치는 교회'로 점차 옮겨갔다고 했다.[84] 그는 초대교회가
예수의 재림을 기다리는 사람들의 종말의식에서 나타난 모임
으로 생각했으며, 당시 예수의 재림이 늦어지자 종말의 재검
토가 불가피함으로 교육의 필요성을 자각하게 되었다고 말했
다. 이에 따라 교회는 교리적으로 정형화되고 윤리적으로 다
듬어진 체계를 가르치고 그것으로 신도들을 훈련해서 그리스
도인으로서 바른 삶을 살게 하는 것을 주요한 교육적 동기로
삼았다.[85]

또 초대교회에 있어서 교육적 자각을 가져오게 한, 두 가지
동기가 있다.[86] 첫째는 교회가 성장함에 따라 기독교로 개종
해 온 이방인들이 증가하게 됨으로 교회는 이들에게 기독교의
진리를 가르쳐야만 했다. 이방인 개종자들과 유대인들과의 문
화적 패턴이 판이해서 윤리적인 면 뿐 아니라 모든 면에서 그
들에 대한 재교육이 필요했던 것이다.[87] 둘째로는 세월이 흐
르는 동안 교회안에서 성도들의 자녀들이 태어나 성장해갔다
는 사실인데, 예수님을 직접 만났거나 예수님의 삶을 생생하
게 전해 들었던 기독교인 1세들과는 달리 2세와 3세들의 신앙
은 점점 약해질 수 밖에 없었다. 초대교회는 기독교인 2세들과
그 이후의 세대들에게 예수 그리스도의 십자가와 부활을 알도
록 해야 한다는 교육적 책임을 자각하였던 것이다. 분명히 초
대교회는 물론 오늘날 기독교 교육의 주요 목적은 그리스도의
지상명령으로 알려진 마태복음 28 : 1-20의 말씀이라 할 수 있

---

84) 정은섭, 기독교교육개설(서울 : 대한기독교교육협회, 1979) p.25.
85) Ibid.
86) 김영규, 기독교교육학(서울 : 기독교문서 선교회 1984), pp.59-61.
87) 정웅섭 교수는 그의 책 '기독교교육개설'에서 초대교회의 새 신도의 신앙훈련기
    간이 3개월에서 3년 정도였다고 한다. 이 신앙훈련을 마친 사람들만이 교회의
    성례전에 참여 할 수 있었다고 했다.

다. 즉, 사람들로 하여금 하나님을 알고 하나님과 바른 관계를 맺으며, 하나님과 바른 교제를 하게 하는데 있다.[88] L. J. Sherill은 "초대교회의 목적은 예수 그리스도의 참된 제자가 되는 일이요, 참된 그리스도인이 되는 것이다. 참된 그리스도인은 하나님 앞에서는 만민의 평등을 알아야 되며, 의기 왕성한 그리스도에 대한 체험과 자유와 평등을 알아야 된다. 가장 중요한 것은 이 모든 것을 통합하는 복음을 아는 것이다"고 하였다.[89]

※ 교육의 내용

L. J. Sherill은 그의 저서 '기독교 교육의 기원(The Rise Christian Education)'에서 다음과 같이 다섯 가지로 초대교회의 교육내용을 구분하였다.

① 구약성경의 기독교적 해석

예수님의 가르침 속에서도 구약성경의 인용을 많이 찾아볼 수 있다(마 5 : 21, 27, 31, 38, 4 : 17-19, 6 : 3-4 등등).

구약을 인용하실 때에는 그 대상이 주로 유대인들이었으며, 그 해석은 복음의 정신을 나타내는 것이었다. 사도행전 마지막 장에서 바울이 유대인 형제들에게 '모세의 율법과 선지자의 말을 가지고 예수의 일로 권하는' 것을 볼 수 있다.(히28 : 23). 히브리서에서도 구약성경의 많은 인용과 그 해석을 찾아볼 수 있다(히5 : 55-10, 7 : 1-17, 11장). 그러나 유대인들은 구약성경의 기독교적인 해석을 쉽게 받아들이지 않았다(행 18 : 4-7, 17 : 8-9, 28 : 23-27). 초대 교회 지도자들은 유대인들

---

88) C. B.Eavey. History of Christian Education (Chicago : Moody ress. 1964. pp. 128-129
89) L. J. Sherill. The Rise of christian Education(N. Y : Macmillan Co, 1960. pp. 137-140.

에게도 예수가 바로 옛 선지자들이 예언했던 메시야요 그리스도이심을 끝까지 강조하며 가르쳐야 했던 것이다. 그러므로 초대 교회의 교육 내용 중에 하나는 유대인에 대한 구약성경의 재교육이라고 볼 수 있다.[90]

② 그리스도의 복음 교육

그리스도의 복음이 초대교회 시대는 전승으로 계속 전달되었다. 신앙고백으로서의 복음의 사실성과 전승 내용이 얼마나 일치하고 있는 것인지 아는 것이 중요했다. 바울은 디모데에게 가르침의 중요성을 인식시켰다. 초대교회는 예수에 대한 분명한 사실을 성경에서 찾고 가르쳤던 것이다(고전15 : 3-5)

③ 그리스도인의 신앙고백

초대 그리스도인들의 삶은 그들의 고백과 거의 일치된 생활 속에서 살았다. 그들에 대한 교육은 참된 신앙고백의 교육과 헌신에 있었음을 볼 수 있다. '예수는 주님이시다'는 신앙고백으로 그들 자신의 생애, 도덕과 영적인 영역, 그리고 전 우주에 대한 예수의 절대적 주권을 인정하는 것이었다(골 1 : 16-28). 그러나 그 고백은 쉬운 것이 아니었다. 로마인에게는 반역행위요, 유대인에게는 신성 모독과 같았다. 그러나 그리스도인에게는 구원에 대한 절대적인 믿음의 표현이었다.

④ 예수의 생애와 교훈

예수에 대한 생애와 사역을 가르침으로 그리스도인의 삶에 변화를 가져왔다. 그의 생애와 교훈을 이어받아 그리스도인들이 자신들의 생활자세를 정립하며 그 교훈대로 살아가도록 가르친 것이다.

---

90) Ibid., p.145.

⑤ 그리스도인의 생활 방식

복음이 세계로 전파되었을 때 다양한 분화와 접촉하게 되었다. 전혀 다른 새로운 문화, 사회, 정치적인 문제에 접촉함으로 새로운 질문이 제기되었던 것이다. 즉, 노예문제와 여자에 대한 남자의 태도, 신자와 불신자와의 결혼문제 등을 예로 들 수 있다. 따라서 교회는 이들에 대한 것을 가르쳐야만 했다.

제 *2* 장

기독교 교육의 역사

1. 구약시대 옛 이스라엘의 교육

인간의 역사가 있는 곳에는 반드시 교육의 역사가 있었다. 초기 인류의 삶속에는 비록 비제도적인 교육방법이었다 할지라도 종교의식 속에 그들의 교육이 분명히 존재하였음을 볼 수 있다. C.B. Eaver는 기독교 교육의 역사를 제 1 기는 출애굽 사건에서 사울왕까지로 나누었고, 제 2 기는 사울왕 때에서부터 B.C. 538년까지, 제 3 기는 B.C. 538년부터 예수 그리스도까지로 나누었다.[1]

그러나 Martin Buber는 이스라엘 역사를 지도자 중심으로, 다음과 같이 5단계로 나누었다.[2]

　　1단계 : 족장시대의 족장교육
　　2단계 : 광야생활에서의 지도자
　　3단계 : 가나안 입국 후의 사사시대
　　4단계 : 선지자 및 제사장

1) 족장시대의 족장교육

족장시대의 교육은 가정 생활의 훈련이 전부였다. 교육의 장은 가정이었으며, 아버지는 지도자로서의 권위를 가졌다. 여호와 유일신관을 가정에서부터 철저하게 가르쳤음을 살펴볼 수 있다. 아브라함은 민족의 지도자로서 그의 교육적 행위는 주목할 만하다. 그는 특히 이삭을 중심한 가족에게 가르쳤고,[3] 종에게도 교육하였다.[4]

또한 그는 할례를 통하여 선민의식을 고취시킨 첫번째 사람

---

1) C.B.Favey. Historg of Christian Education(Chicage : Moody Press. 1969). p.54.
2) Martin Buber, Israel and the terld(New York : Schoeeken. 1948) p.127.
3) 창 18 : 19
4) 창 24 : 12-14

이기도 하다. 하나님께 예배드려야 한다는 의무와 제사의 방법들을 가르쳤다. 모세 이후에는 제단을 쌓을 때마다 이스라엘의 역사적인 의무를 전하려는 교육적인 의도가 분명히 있었다. 족장시대의 제단은 순수하게 제사를 위하여 쌓여진 듯하지만, 이 단을 통하여 자녀들은 종교적인 의무와 민족의식의 교육적 가치를 배워나갔음이 틀림없다.

2) 광야에서의 지도자

모세는 가르치는 사람으로 부름을 받았다(출 4 : 15).[5] 모세를 교육자로 인정하는 학자가 많다. 모세는 교육적인 사명을 하나님께로부터 받았고 그 책임을 잘 감당했다. 그 자신이 율법을 기록하였고,[6] 그 율법을 다 외워 가르치며(출 17 : 14) 부모에게는 자녀를 가르쳐야 할 책임을 위탁하였다(신 6 : 7). 모세는 그의 후계자였던 여호수아에게도 가르칠 사명을 위탁하였으며(신 1 : 1-16, 31 : 19), 임종시 축복에서도 레위인들에게, 제사드리는 것보다 먼저 가르치는 사명을 부탁하였다(신 33 : 10). 모세는 지도자 훈련의 효시자이다. 그는 장인 이드로의 자문을 받아들여 지혜있는 사람을 선택하여 천부장·백부장·오십부장을 삼아 그들을 가르쳤고, 그들은 백성들을 가르치게 함으로 조직적인 교육체계를 이룩하였다(출 18 : 21 35).

모세는 족장들을 규합하여 국가적인 연합체를 결성하였고, 민족적인 문화를 창출하여 그 민족정신을 일깨우는 교육자로서의 책임을 다하였다고 볼 수 있다. 이러한 모세의 업적에 대해서 반피득 박사는 세 가지로 말했다.[7]

---

5) 신 5 : 31
6) E.J.Young. An Introduction to the O.T., 오병세, 홍반식역, 「구약총론」(서울 : 한국교회주의 신행협회, 1978), p.33.

  1) 모세의 율법은 종교, 도덕 뿐 아니라 일반 사회생활의 중추적 교파를 이루었는데 이것은 유대인의 종교, 도덕적 이상이며 인류가 가진 가장·존귀한 도덕 사상이 되었다.

  2) 모세는 역사상 처음으로 교육을 국가만년대계의 기본으로 삼았다.

  3) 모세는 가정을 유대민족의 터전으로 삼았으며, 아버지로 가장을 삼고 절기와 제사의 전통을 비롯하여 자녀 교육에 대한 일체의 책임을 지운 사람이다.

3) 가나안 입국의 사사시대

이 시기는 가나안 입국 후의 시기부터 왕정시대 전까지를 말한다. 즉, 여호수아 때부터 사무엘시대 초기까지이다.[8] 여호수아는 광야의 유리생활이 계속되는 가운데 모세의 충성스러운 수종자로 봉사하였다. 모세는 그를 이스라엘의 지도자로 세웠다(수 1 : 5). 여호수아 이후 이스라엘은 사사시대라는, 혼란과 무법시대를 맞았다. 사사시대는 메소포타미아의 구산리사다임이 이스라엘을 침약할 때, 첫 사사 옷니엘을 세웠던 때부터 사울왕을 세울 때까지 약 342년간의 기간을 말한다.[9]

사사시대의 특징은 사사기 21 : 25에 기록된 대로 '그 때에 이스라엘에 왕이 없으므로 사람들이 각각 그 소견에 옳은 대로 행하였더라' 함과 같이 백성들이 다 자기 좋을 대로 살았다. 따라서 이때는 종교적인 위기였으며, 가나안 종교에 깊이

---

7) 반피득 「기독교교육」, (서울 : 한국기독교 교육협회, 1970) p.28.
8) 전천혜, 「쉐마를 통한 이스라엘 종교교육」 (장로신학대학 대학원 석사학위논문), 1980. p.20.
9) 김희보, 「구약의 이스라엘사」 (서울 : 총신대학출판부, 1981) p.161(삿 3 : 8. 9. 1367 B.C ~ 삼상 10 : 1. 1025 B.C)

감염되기 시작한 때였다. 이러한 사사시대의 특징중 하나는 후세에 대한 교육 부재 현상에서 비롯된 것이라 할 수 있다. 사사기를 보면 "그 세대 사람도 다 그 열조에게 돌아갔고 그 후에 일어난 다른 세대는 여호와를 알지 못하며 여호와께서 이스라엘을 위하여 행하신 일도 알지 못하였더라"(삿 2 : 10) 고 기록되었다. 다시 말하면 가나안에 정착된 그들은 장로들이 살아 있을 때까지만 해도 여호와의 종교를 떠나지 않았다(삿 2 : 6-7). 그러나 그들이 죽은 후의 새세대들은 여호와를 알지 못했고, 또 그들이 어떻게 애굽에서 나와 가나안에 들어 왔으며, 하나님께서 어떻게 자기 민족을 인도하셨는가 하는 역사를 알지 못했던 것이다.

분명히 이것은 그들만의 책임이 아니라 전(前) 세대 장로들의 책임도 크다고 볼 수 있다. 즉 후대의 교육이 제대로 이루어지지 않았다는 점이다.[10] Person이 말한 것처럼, 그들은 가나안에 들어갔을 때 종교적인 가르침보다는 물질적인 부에 더욱 관심을 가짐으로 자녀와 후세 교육에 소홀했던 것이 분명하다.[11]

여자 사사인 드보라의 노래에서도 교육적 의미를 발견힐 수 있다(삿 5장).

이러한 드보라의 가르침에 대하여 당시의 여자에게도 어떤 특수 교육이 있었던 것으로 추측하는 사람도 있다.

4) 왕정시대의 제왕들의 교육

혼란과 교육부재라고 할 수 있었던 사사시대는 사무엘의 출

---

10) LBID., p.162
11) P.P.Person. An Introdnction to christian Education(Michigan : Bakdr Book House. 1974) p.22

현으로 국가의 방향이 설정되고, 직업적인 선지자가 등장하게
된다(삼하8 : 7, 20 : 25, 열하 4 : 3). 왕정시대는 제사장과 선
지자들의 종교교육 활동이 활기를 띠는 시기이며 지혜문학이
꽃피었던 시기였다.12)13)

① 사울왕 시대

사울왕의 재임 기간에 많은 제사장들이 있었음을 볼 수 있
다(삼상 22 : 18). 사무엘은 사울왕에게 듣는 것의 중요성을 강
조하였고(삼상 15 : 22), 사울은 선지자 무리를 묶인 하였다(삼
상 31 : 4). 사울은 불레셋 사람들을 ‘할례없는 자들’ 이라고 무
시하기도 하였다.

② 다윗왕 시대

사울왕 시대의 어린 다윗은 여호와를 무시하는 골리앗에게
‘여호와의 이름’으로 나아갔다(삼상 31 : 4). 그는 또한 할례에
대한 긍지가 대단했던 것 같다(삼상 17 : 36). 따라서 왕정시대
에도 가정에서 종교교육이 어느 정도 이루어지고 있었음을 배
재할 수 없을 것이다.

다윗이 왕위에 있을 때는 군중 안에서 가르침의 행위가 활
발하게 일어났던 것으로 본다. 찬송에 익숙한 사람들이 288명
이었고, 3700명의 제사장이 24반으로 나누어 돌아가며 직무를
수행했다. 이때 스승과 제자라는 용어가 쓰이기도 하였다.

다윗왕 자신이 교육의 사람이었다. 그의 찬송과 시는 회중
을 교육하는 중요한 지침서였다. 이 시대는 지혜로운 비유와
지혜자가 많은 시대였다. 나단 선지자의 비유도 다윗을 깨우

---

12) Kaster. 'Education' in IDB. voL. Ⅱ. ed. G.A.Buitrick(New York : Abingdon
    press. 1962) p.30.
13) 전천혜. op. cit., p.25.

쳐 주었다(삼하 12장), 또한 요압의 지혜를 들 수 있다(14 :
1-24). 다윗 시대의 교육은 비유라는 형식이 가르침의 수단으
로 나타나고 있음을 볼 수 있다.

③ 솔로몬 시대

솔로몬 시대 교육의 특징은 지혜교육이다(왕상 4 : 32). 그는
하나님으로부터 지혜를 얻어 백성들을 잘 인도하였고, 실제로
잠언 3000을 말하고, 일천오편의 노래를 지었으며, 동식물에까
지도 해박한 지식을 가졌던 사람이다.[14]

④ 분열왕국 시대

정치적인 안정은 교육적 성장과 그 조직을 보다 체계화시킨
다. 그러나 이스라엘 왕국은 분열의 시련을 맞아 그 교육의 약
화 현상이 함께 나타나고 있다.

북왕국 아사왕 때(918-842 B.C)는 제사장들의 가르치는 기
능이 마비된 흔적이 있으나(대하 15 : 3), 아합왕 때(869-850
B.C)는 사무엘 이후 처음으로 선지자들에 의한 조직적인 교육
이 이루워진 모습을 보이기도 한다.[15]

남왕국 여호사밧 때(873-842 B.C)부터 므낫세왕(687-642
B.C)때는 621년에는 율법책이 발견된 것을 계기로, 그 율법책
이 생활의 기본이며 교육의 기본이 되도록 가르쳤다. 그래서 이
시기를 종교개혁 시기, 또는 교육 재무장의 시기라고 하였다.[16]

⑤ 바벨론 포로 기간 말인 에스라, 느헤미야 시대(445-428B.C)

말씀에 매우 갈급해 있었던 백성들이 에스라에게 모여들었

---

14) Ibid. p.29.
15) 열왕기하 10 : 4-16, 왕하 2장에 '선생'이라는 말과 '생도들'이라는 말이 있음을
   볼 때 조직적 교육이 있었음을 암시하고 있다.
16) W.A.Attkins, Educational Philosophies and Practices in O.T. Religious Educa-
   tion(1976). p.505. 전천혜. op/cit., pp.29-31dptj재인용함.

고(느8 : 1-18), 에스라는 율법을 연구하고 가르치는데 전념하였다. Kennedy는 느헤미야 8 : 1-8을 분석하고 이것을 종교적인 학교라고 말하고 회당의 기원으로 본다.17)

  ● 느헤미야 8 : 1-8 분석
   ◦ 교   재 : 율법
   ◦ 강의시간 : 새벽부터 정오까지
   ◦ 대   상 : 남녀 알아들을 만한 모든 자
   ◦ 교 수 법 : 화답법
   ◦ 방   법 : 낭독, 해석
   ◦ 강의장소 : 강당에 나무 강단이 있음.

이스라엘은 종교적 교육의 발전 속에서 그 역사가 형성, 유지 되어졌으며, 바벨론 이후 대중적이고 제도적인 교육의 형태를 이룩하여 갔다.

5) 선지자와 제사장시대 교육

① 선지자

선지자는 이스라엘 교육사에서 매우 중요한 위치를 차지하고 있다. Fletcher는 이스라엘 선지자에 비교할만한 종교적이고 도적적인 교사를 배출한 민족은 없다고 했다.18)

선지자는 하나님을 위하여 하나님의 뜻을 인간에게 전하는 사람으로, 하나님을 대신한 사람이다. 선지자는 인류 역사속에 나타나신 하나님의 통치와 그 목적을 강조한다. 이들은 하나님

---

17) 전천혜. op. cit., p.32
18) H.S.Fletcher. Education an Ancient Isrient(Chicago : The Open Court Pub. 1919). p.38.

의 강권적인 부름에 응한 사람들로서 그들의 운명에 두려움 없이 용기있게 살며 백성을 위로하고 훈계하며 책망하는 직무를 수행하였다.[19] 선지자들의 교육을 요약하면 다음과 같다.[20]

① 하나님을 가르쳤다. 선지자들은 여호와의 신을 한 민족의 신에서 세계의 유일신으로 확실하게 선포했으며, 창조주이시며 우주법칙의 지존자, 지배자로서 전지전능 하심을 외쳤다. 그분은 오래 참으시며, 자애로운 분이라는 사실을 강조 하였다.

② 이스라엘의 역사 의식을 일깨우는 일을 하였다. 선민의식, 민족의식을 고취시켜 타민족에 의하여 고난받는 이유를 깨닫게 하였고, 자기 민족의 역사의식을 분명히 가르쳤다.

③ 사회적인 정의를 가르쳤다. 선지자는 이스라엘의 살아 있는 양심이며, 종교적인 핵심이며, 여론의 창조자였다. 사회의 부조리를 고발하고 사회를 만드는 언론가였다.

④ 윤리문제에 대해서도 가르쳤다(삼하 12장) 나단의 다윗왕에 대한 깨우침을 볼 수 있다. 도덕적인 타락은 종교의 종말이요 인류의 종말이기도 하다. 엘리사 시대에는 어느 정도 조직적이고 교육적인 선지자 모임이 있었다는 사실도 간과해서는 안된다(왕하 2 : 7, 16, 4 : 38).

이상과 같이 살펴 볼 때 이스라엘은 교육의 공동체, 신앙의 공동체라고 할 수 있겠다.

---

19) John Patersan, 이호운 역 「예언자의 연구」 (서울 : 한국기독교 문화원, 1977)p.9.
20) C.B.Eavey. History of Christian Education(Chicago : Mood press. 1969). pp.69-61.

② 제사장

제사장은 '하나님 앞에 서는 자', '하나님의 종' 이라는 뜻을 가졌다. 그는 백성을 위하여 그리고 백성을 대신하여 하나님을 섬기고 제사의식을 행하는 공직자이며, 하나님과 사람의 중보자로서 하나님의 계시를 받아서 사람들에게 전하는 사명이 있다. 계시를 전한다는 것은 백성들에게 율법을 전하며 재판하는 일이다.[21]

제사장의 임무는 가르치며 중재하는 일이다. 때문에 제사장은 도덕과 종교의 교사이다.[22]

사무엘은 어렸을 때부터 엘리 제사장에게 배웠으며(삼상 2 : 21, 26), 유다와 요아스는 제사장 여호야다의 가르침을 받았다(왕하 12 : 3). 여기에서 제사장의 가르침의 내용을 요약해 본다.[23]

첫째, 율법을 가르쳤다. 그들은 율법의식과 예식에 관한 지식을 다음 세대에 전승할 의무가 있었다. 예배법, 희생제물, 예식, 종교적인 의무에 대해서 가르쳤다. 그들은 신앙적 의미를 가르쳤고 회개의 필요성을 강조했으며, 하나님을 섬기는 의식을 가르쳤다.

둘째, 인간 관계의 삶을 가르쳤다. 원리적인 문제, 시민으로서 지켜야 할 의무와 책임을 가르쳐 주었으며, 시민 의식을 고양 시켰다.

2. 신약시대의 교육

---

21) 「그리스도교 대 사전」 (서울 : 대한기독교서회. 1972) 항목 '제사장'
22) 전천혜. op.cit., p.40.
23) Ibid., pp.42-43.

1) 가장 위대한 교사 예수님

(Jesus The Master Teacher)

예수님은 단순한 설교가, 개혁가, 통치자일 뿐만 아니라 위대한 교사였다.[24]

교육은 예수님의 중요한 사업이었다. 그는 그의 멧세지를 가르쳤을 뿐 아니라 제자를 훈련하는 일에 헌신했다. C. B. Eavey 박사는 "주님은 사역 초기에는 주로 복음을 전파했으나, 제자를 선택하여 훈련한 뒤에는 전파보다 가르치는 일에 더 관심을 가졌다."[25]고 했다. 복음서 기자들은 예수님을 '선생'이라는 호칭을 사용하여 불렀으며, 예수님 자신도 '나는 선생이라'고 했다(요 13 : 13-14). Kittel의 신약사전은 예수 자신이 직접 선생이라는 용어를 29번 사용했다고 말하고 있다. 예수님은 선생의 입장에서 제자들을 가르치고, 훈련시키고, 교육하였다. 니고데모와 같은 관원도 예수님을 선생이라고 불렀고(요 3 : 1-11), 심지어는 예수님을 반대했던 자들인 바리새인, 서기관, 사두개인, 헤롯당원들까지도 예수를 선생이라 칭했다(마 8 : 19, 눅 11 : 45, 요 8 : 4)

또 예수님이 교사이심을 증명할 수 있는 성경적 증거는 그가 가르치신 활동에서도 찾을 수 있다. 공관 복음서 기자들은 예수님의 전도 활동을 갈릴리 회당에서부터 시작하였음을 기술하고 있다.(마 4 : 23-25, 막 1 : 21-28, 눅 4 : 14-37). 그런데 주목할 만한 것은 유대인들의 민중학교라 할 수 있었던 회당에서 그들의 풍습과 습관을 따라 성경을 가르치신 것이다. 예수

---

24) 천정웅, 「사복음서에 제시된 예수의 교육론 연구」 (총신대학원 석사논문 1982). p.8.
25) C.B.Eavey Principles of Teaching for Christiaer(Zondervan Pub. 1968). p.78.

님의 사역은 처음부터 교육적인 관점에서 출발하고 있다.

 L. J. Sherill은 예수의 사상과 교훈은 하나님 나라를 선포하는 그의 전 선교와의 관계속에서 이해되어야 할 것이라고 말했다. 교사로서의 예수는 교육만을 위한 교사가 아니었음을 이해해야 한다. 그는 하나님의 뜻을 성취하고 그의 나라를 선포하는 하나의 매개체 즉, 수단으로써 교육을 했으며 그런 의미에서 예수는 교사였다는 점이다. 초대교회는 예수님의 직접적인 영향에서부터 교육이 시작된다.

2) 초대교회 교육

 초대교회는 '교육에 대한 열의보다 예수의 재림을 기다리는 종말의식에 의해 자각된 모임' 이라고 했다.[26] 그들은 예수의 피에 의한 거룩한 교제의 대상으로, 하나님의 공동체에 속하는 그것에 알맞는 인간 형성이 되어야 한다는 확신을 가지고 있었다.

 ● 교육 공동체의 자각

 초대교회가 지니고 있었던 교육에 대한 자각은 어떻게 이루어졌는가? 교육의 방향은 어떤 과정을 통해 설정되었는가? 이같은 물음은 초대교회의 종교 교육을 이해하는데 기본적이고 필수적인 빛을 던져준다.

 과연 인간 예수는 당시의 로마 지배 밑에 있었던 팔레스틴 사회 속에서 어느 정도, 또 어떻게 '교육'이라는 것과 만날 수 있었는가? 예수님이 공식적인 학교 교육을 어느 정도까지 받았는가에 대해서는 의견이 분분하다. 교육받은 것이 거의 전무했다는 주장이 있는가 하면, 당시 최고의 상급 교육기관에서 교

---

26) 성흥식 '기독교교육개설' 대한기독교교육위원회 1992. p.22.

육을 받았으리라는 의견도 있다. 여기서 분명한 사실은,

① 예수님이 계셨던 시대를 전후해서 회당(synagogue) 학교가 있었고, 이것이 세계 최초의 국민 의무 교육제도를 낳았다는 일.

② 시대사적 입장에서 당시 갈릴리에는 이 제도가 어느 정도 널리 보급되었는지 분명치 않다는 점.

③ 당시 유대인 사회에서는 작은 마을에 사는 사람까지 모두 가정과 회당에서 상당히 철저한 율법교육을 받고 있었다는 점.

④ 예수의 설교와 비유, 논쟁 속에는 이른바 장로의 유전을 능가하는 성서 해석의 차원이 여실히 보여진다는 점 등이다.

따라서 우리가 분명히 말할 수 있는 것은 예수님은 당시의 초등교육 기관인 벤 핫세퍼는 물론, 성서(구약의 율법)를 차원 높은 자리에서 연구하는 교육기관인 벤 함미드라쉬에서 교육을 받았을 것이라는 사실이다.

예수님은 분명히 교육받은 인간이었으며, 한 걸음 더 나아가서 교사로서의 이미지와 실상을 보여주었다.

위에서 살펴본 대로 교사로서의 예수님을 통하여 존재의 근거를 얻은 초대교회는 그 내부에서부터 교육에 대한 자각을 갖기에 이르렀다. 이 자각을 가져온 직접적이고 구체적인 계기는 두 가지가 있었다. 그런데 이 두 가지 모두가 일반적인 문화 배경(cultural setting)의 변화로해서 온 것들이다.

첫째, 교회가 성장함에 따라 기독교로 개종해 온 이방인들이 증가하게 되었다. 교회는 이방인 개종자들에게 기독교의 진리를 가르쳐야만 했다. 기독교 초기 교회의 중요한 문헌들은 새 신도들의 신앙훈련의 기간을 매우 오래 잡고 있었음을 말해주고 있는데, 그것에 따르면 그들은 3개월부터 3개년이나 교육을 받았다고 한다. 그리고 이 교육을 받은 자만이 교회의 성례에

참여할 수 있었다.

이 교육은 성인 중심이었기에 본질적으로는 재교육적 성격을 띠었다. 기독교 진리를 가르쳤을 뿐 아니라 도덕적인 재훈련까지도 곁들여야만 했다. 그들은 유대인들과는 문화유형이 판이하게 달라서 윤리적, 도덕적인 면에서 매우 낮은 자리에 있었다. 이방인들은 신앙을 얻은 후에도 도덕생활이 순결치 못해 교회는 이들을 특별히 교육해야만 했다.

둘째, 오랜 시간이 지나감에 따라 교회안에 신도들의 자녀들이 태어나 성장해 갔다. 예수님을 직접 대했거나 그 생생한 삶을 소개받았던 크리스천 1세들과는 달리 2세, 3세들의 신앙의 감격은 약할 수 밖에 없었다. 따라서 초대교회는 2세들에게 예수의 십자가와 부활을 알도록 해야 한다는 새로운 교육적 책임을 자각케 되었다. 이 자각은 크리스천 가족 공동체로서의 교회가 그 자녀들에게 교육을 베푼다는 것의 중요성과 의미를 묻게 하였다.

● 교사 계층의 형성

초대교회의 전반기 시대가 지니고 있던 가장 두드러진 특징은 종말적인 성격이다. 따라서 초대교회의 기본적인 성격은 선포하는 교회였지, 철저하게 가르치는 교회는 아니었다. 그러니까 하나님 나라의 도래를 알리는 교회였지 결코 이 땅에서의 그리스도교적 생활양식을 가르치는 교회는 아니었음은 분명하다. 그러나 시대가 흘러 새 세기로 접어들어 초대교회 후기 시대가 되자, 교회의 일반적인 모습은 근본적인 변화를 보이게 되었다. 이에 따라 교육적인 면에서 볼 때 선포하는 교회에서 가르치는 교회로 옮겨 갔다. 즉, 교회는 교리적으로 정형화되고 윤리적으로 다듬어진 체계를 가르치고, 그것으로 신도들을 형성하고 훈련해서 크리스쳔으로 살도록 이끄는 일을 주요한 교육목적으로 삼게 되었다. 이같은 초대교회 후기시대의 분위기는 아마도 주의 재림이 늦어져서 종말론의 재검토가 불가피하게 되었기 때문일 것이다.

가르치는 교회가 성립됨으로로써 나타난 가장 두드러진 일은 교회 안에 교사의 계급이 형성되었다는 사실이다. 교사 계급이 교회안에 주요한 자리를 차지하게 된 것은 아마도 예수의 사도들이 세상을 떠나고 예언자들의 활동의 기운이 가라앉은 후의 일이다. 교사 계층의 출현은 신약성서 중에서 바울서신, 마태복음, 야고보서 등에 언급되어 있으나, 분명한 것은 외경 등에 나타난다고 한다. 외경인 클레멘트서에는 예언자보다도 아래 위치에 있어야 할 교사들의 지나친 행위에 대해서 일종의 경고가 나오고 있는데, 이것은 교사의 지위 향상에 대한 불만이라고 풀이할 수 있으므로 당시 교사 계급의 분명한 성립을 알 수 있다. 초대교회 후기에 이들 교사 계급은 사도들처럼 복음을 선포하는 자가 아니었으며, 예언자들처럼 영으로 말하는 자도 아니었다. 오직 가르치는 일만을 중요한 임무로 삼았다.

● 교육의 장(場)

초대교회의 이같은 교육에 대한 자각은 구체적으로 교육의 장을 형성하게 되었다. 그것은

① 공동체로서의 교회, 특히 그 예배라는 자리(context)에서,
② 또한 신도들의 각 가정에서 이루어지는 교육의 장이었다.

먼저 교회 자체가 기독교 교육의 주체였을 뿐 아니라 그 장소였는데, 이것은 아마도 유대교로부터 계승된 전통의 하나였을 것이다. 회당을 중심한 후기 유대교의 영향을 그대로 받을 수 밖에 없었던 초대교회로서는 교육의 장을 그들의 교회로 정

한 것은 너무나 자연스런 일이었다. 또 다른 하나의 이유는 당시 초대교회 자체가 의도적으로 교육기관인 학교를 설립할 정도까지 미처 성장하지 못하고 있었다는 사실이다. 더구나 밖으로부터 박해를 받고있던 초대교회로서 학교라는 것은 꿈에도 생각조차 할 수 없었을 것이다.

초대교회 시대 또 하나의 교육의 장은 가정인데, 신약성서 후기 시대로부터 차츰차츰 신도들의 가정이 교육하는 공동체로서 그 특수한 위치를 점유하기 시작했다. 신약성서 중에서 비교적 일찍 쓰여진 고린도전서의 "믿지 않는 남편은 그의 믿는 아내로 말미암아 거룩해지고 믿지 않는 아내는 그의 남편으로 말미암아 거룩해집니다. 그렇지 않으면 그들의 자녀도 깨끗하지 못할 것인데 이제 그들은 깨끗합니다."(고전 7 : 14)라는 말들은 초대교회의 초기에서 교육 공동체인 가정에 대한 문제 제기라고 할 수 있다. 또한 자녀와 부모에 관해서 기록한 에베소서의 말(6 : 1-4)은 넓은 가족 윤리 중의 한 가지를 지적함으로써 가정을 중심한 교육의 책임을 강조하고 있다.

● 교육의 내용

다음으로 우리의 관심을 자극하는 것은 초대교회 교육의 내용이 무엇이었는가 하는 문제이다. 초대교회 초기시대부터 후기시대에 거쳐서 발전되어 온 기독교 교육의 주요내용은 다음과 같이 세 가지로 요약될 수 있겠다.

① 케리그마와 디다케

초대교회 초기의 교육 내용은 케리그마와 디다케의 문제로 압축된다. 케리그마(kerygma-말씀)와 디다케(didache-가르침)라는 개념은 본래 기독교 교육의 영역에 속하는 것은 아니며, 주로 신약성서학에서 다루어지는 개념이다. 성서학자들이 사용하는 디다케는 결코 교회 교육의 개념과 동일한 것은 아니다. 기독교 교육의 관점에서 볼 때, 교회 교육이라는 것은 디다케에만 관련되는 것이 아니다. 그것은 가르치는 행위와 동시에 선포하는 행위와도 수반되어 행해지는 것을 말한다. 따라서 초대교회에서는 케리그마와 디다케가 하나로 합쳐진 교육의 내용을 가지고 있었다. 이 둘을 구태여 구별한다면, 그것은 단지 전도와 교육의 내용에 있어서 교리적인 성격을 띤 것과 교훈적인 성격을 지닌 것이 구별될 수 있다는 정도일 것이다. 또 이 둘을 구별해서 생각하는 것이 실제적인 면에서 편리하다고 생각된 것 뿐이다. 요컨대 초대교회가 교육 공동체로서의 위치는 자각하면서 크리스천 형성을 위한 교육내용을 두 가지 기능적인 면으로 구분하게 되었다. 그 하나는 인간이 어떻게 구원과 은총에 접할 수 있는가(케리그마) 하는 것과 또 하나는 어떻게 이 은총에 합당하게 살 것인가(디다케)를 자각하여 다루게 되었다.

② <카테키시스> 교육

초대교회가 후기 시대로 접어들어 가르치는 교회가 되면서, 교육의 중심적인 내용은 차츰 카테키시즈(catechisis)로 자리잡혔다. 카테키시스라는 말은 본래 '아래로 올려나간다, 반사되어 울려나간다'는 뜻을 가진 동사로부터 형성된 말이다. 이 말은 구전(oral tradition)되어 입문적 기초지식을 전달하는 행위를 가리키는데 쓰였다. 이 말이 언제부터 교회내의 용어가 되었는지는 분명치 않다. 일반적으로 문답 교시교육, 입문자 교육, 교리문답 교육 등으로 번역되는데, 기원 2세기 이후로 차츰 명확한 형태를 잡기 시작한 교회의 신앙 지도 교육을 가리킨다. 이 <카테키시스>는 신약시대에 사용된 교회 교육의 주제내용을 정형화한 것이다. 그러니까 앞에서 말한, 이른바 <케리그마>와 <디다케>를 특정한 제도와 방법을 통해 가르친 것이라고 할 수 있다. 당시의 <카테키시스>의 내용은 <12사도의 교훈>을 비롯해서 <사도신경> 그리고 이레네시우스, 안디옥의 데오비오스, 닛사의 그레고리어스, 큐리러스, 크리소스 토머스, 어거스틴 등의 교리문답 강의들이었다. 세례를 받기 전의 사람들을 위한 교육으로 2세기 초엽에는 거의 <디다케(도덕교훈)>만을 가르쳤으나, 2세기 후반에는 <케리그마(교리교육)>가 교육의 지배적 내용이 되었다. 본격적인 <카테키시스> 교육이 조직된 것은 2세기 말엽부터였는데, 4세기에 가서 그것이 절정에 이르렀다가 6세기부터 급격히 쇠퇴하였다.

③ 이교(異敎) 문화에 대한 도전

초대교회가 말기에 이르러서는 그 교육의 주요한 과제를 '그리스와 로마 문화에 대한 도전과 대결'이라는 모양으로 드러냈다.

첫째로 <유아세례>의 문제가 교육적인 의미에서 그리스, 로마 문화에 대한 도전으로 등장했다. 주후 3세기 초 <유아세례>의 문제는 단지 교리나 종교 의식면에서 뿐 아니라, 유아에게 나타난 인간관과 인간 취급태도가 문제된 것이다. 당시의 교부 테르두리어누스 등의 심한 비판을 받으면서도 유아세례가 널리 퍼져 일반화 되었는데, 그것은 단순한 유행이 아니라 이교문화에 대한 하나의 대결로써 퍼져나간 것이다. 그 즈음의 서양은 그리스와 로마의 문화 영향속에서 도덕적인 퇴폐 풍조가 만연되어 있었다. 성적 문란의 결과 사생아가 속출했으며, 낙태를 위시해서 영아를 살해하는 행위, 아기를 버리는 일 등이 비일비재했다. 이런 상황 속에서 어린 생명들에게 위험이 있었다. 이 위험에 처한 어린 생명들을 하나님의 이름으로 지켜주고 삶을 보장해 준 것이 바로 유아세례였던 것이다. 말하자면, 유아세례는 단순한 종교의식이 아니라 당시의 그리스·로마 문화가 가진 잘못된 유아 취급태도와 왜곡된 인간존엄 사상에 대한 비판이요, 도전이었다. 극히 교육적인 활동이었던 것이다.

둘째로 그리스·로마의 교양을 받아들이는 일이 교회의 교육적인 관점에서 문제가 되었다. 당시 교회 안에서 그리스·로마의 교양을 그리스도적이라는 것과 대립, 거부해야만 할 것으로 보는 것이 아니라, 이것을 오히려 필요한 교양으로서 받아들이는 태도와 경향이 생겨났다. 이런 경향은 라틴 교부들보다는 그리스 교부들 쪽아 한층 강했다. 알렉산드리아의 교부 오리게네스의 태도는 그 좋은 예가 된다. 그는 자기의 카데키시스 학교에서 얻은 경험을 토대로 해서 학급을 둘로 분할하여 그 하급반에서 일반 교양을 가르쳤다. 즉 그는 그리스·로마의 교양을 교회안의 교육 커리큘럼으로 받아들인 첫사람이 된다.[27]고 말했다.

3. 속사도와 교부 시대의 기독교 교육

바울을 위시한 다른 사람들의 영향을 받아 교부들도 교육을 가장 중요하게 다루었다. 초대교회의 교육적 자각에 의한 실천적 형태는 초신자 문답 준비학교의 설립으로 구체화 되었다. 이 학교는 콘스탄틴 황제 이후 기독교 국가가 되기 이전인

---

27) 정웅섭 '상게서' pp.23~30.

1세기 말엽과 2세기 초엽에 설립되어 개종자들을 교육하였다. 이 시대는 주로 입문교육 혹은 교리문답 교육으로서 구전을 통해 기초지식을 전달하였다. 그 후 3세기에 들어서면서 정규적인 교육기관으로 성장하였다. 이 학교는 남녀노소, 유대인, 이방인들을 초월하여 새 신자들을 교육하였기 때문에, 이 곳에는 '세례 예비생들'만이 입학할 수 있었다.[28]

이 초신자 세례 준비학교의 수학기간은 2년 내지 3년이었고, 3학급으로 나누어 가르쳤다. 이 학교의 교육 목표는 교리와 신앙 생활의 훈련이었다. 이 학교는 325년에서 450년 사이에 크게 부흥하였다가 그 이후 쇠퇴해졌다. 유아세례의 실시가 확대됨에 따라 상대적으로 이 학교는 쇠퇴되고 말았다.

1) 문답식 학교의 설립

초신자 세례 준비학교는 유아세례 확대로 인해 쇠퇴되어 갔으나 새로이 발전된 양상의 학교인 교리문답 학교가 운영되기 시작했다. 이 학교의 설립 목적은 당시 이교 교육을 받은 사람들과 대응할 수 있는, 지적 교육으로 훈련된 성직자를 배출하는 것이다. 이들은 당시의 헬라와 로마 문화를 통달한 교사들 못지 않은 지식을 소유하게 되었다. 알렉산드리아에 세워진 학교가 가장 유명하였으며, 이 학교를 마가가 세웠다고 하는 구전도 있다. 첫 교육 책임자는 179년 스토익 철학에서 개종했던 판테누스(Pantaenus)였으며, 후계자로서 클레멘트(Clement)와 오리겐(Origen)이 이 학교의 출신이다.

---

28) '세례예비생들(Catechmen)'이란 말은 '교리문답(Catechism)'이란 말과 동일한 어근으로서 '가르친다'는 말에서 파생된 말이다. 그 말의 문자적 의미는 '귀에 반복적으로 들려준다'란 뜻이다. 이 말은 신약성서에 7회 나타난다(눅 1 : 4행 21 : 21, 24, 롬 2 : 18, 고전 14 : 19, 갈 6 : 6).

다른 도시인 예루살렘과 이데사(Edessa), 니스비스(Nisibis)와 콘스탄티노플에도 문답학교가 세워졌다. 오리겐이 알렉산드리아를 떠난 후 캐세리아(Caeserea)에 학교를 설립하기도 하였다.[29]

2) 교육지도자들

(1) 저스틴 마터(Justin Martyr, 100-165)[30]

2세기 변증학의 대가. 플라톤 철학에 심취 하였으며 개종한 이후 이방 철학과 기독교의 조화를 시도하였다. 특히 금욕주의 스토아 철학과 플라톤 천학에서 기독교적 체계를 모색하였다. 그의 저서 변증법에서 교리의 재정립을 시도했다.

② 알렉산드리아의 클레멘트(Clement of Alexandria. 150-215)[31]

헬라 철학에서 개종함. 성경을 중시하였으며 신앙에 강조점을 두었다. 철학은 신앙을 보조하는 것이라 하였고 과학과 종교의 화해를 시도하였다.

③ 오리겐(Origen, 185-254)[32]

교부 당시에 다른 교부들보다 현저한 것은 교육의 중요성을 강조한 점이다. 그는 소크라테스적인 교수법으로 몇 사람에게 실생활로써 교육하였다. 역사가 요세비우스(Eusebiuw)가 말한 것처럼 오리겐은 자신의 제자, 학생들을 가르치는데 헌신했다고 했다.[33] 그는 헬라와 로마 문화와 교양을 교회의 커리

---

29) C.B.Eavey, op. cit., p.127.
30) Ibid,. p.131.
31) Ibid,. p.132.
32) 김득룡 「기독교교육원론」, (서울 : 총신대학출판부, 1986). p.25.
33) C.H.Benson, A Poupular History of Christian Education.(Chicago : Moody

큘럼에 받아들여 가르쳤던 것이다. 그는 철학자들의 가르침에 맞도록 기독교 교리를 이해하려고 힘썼다.

④ 예루살렘의 시실(Cvril of Jerusalem, 315-386)[34]

감독이 되기 전에 예루살렘의 초신자 세례 준비학교의 교장이었다. 그는 세례준비에 관한 23가지 연속 강의를 저술하였다. 그의 작품은 초대교회에 세례의식과 세례에 따르는 신조를 제공하였다.

⑤ 크리소스톰(Chrysostom, 347-407)[35]

그는 헬라 교회의 탁월한 학자요, 위대한 설교자였다. 안디옥에 있는 학교에서 학문적 교육을 받은 그는 이단적 학문에서 떠나 정교적 생활과 성경연구에 일생을 헌신했다. 그는 「자녀교육에 대한 허영과 바른 태도」에 청년을 위한 교리 교육의 방법론을 제시하였다. 그는 아동 심리학적 기본 위에 자신의 학문을 정립하였다.

⑥ 터툴리안(Tertullian, 150-239)[36]

개종하기 전에 법률가였다. 그는 이교적 시와 철학으로의 신앙과 도덕에 위험한 요소가 있다고 생각했다. 그는 이방 문학을 연구하는 것은 위험하므로, 항시 이방학문의 과오를 찾으며 이를 거부하는 태도가 있어야 할 것을 주장했다. 그는 철학과 기독교를 조화시켜 보려는 모든 시도를 반대하였다. 그는 기독교의 진리를 나타내는데 이방 문화를 하나의 도구로 사용했다는 점에 있어서 기독교 교사들에게 인기가 높았다.

Press, 1943), p.46.
34) C.B.Eavey, op. cit., p.133.
35) Ibid. pp.134, 135.
36) 김득룡, '전게서' p.25.

⑦ 제롬(Jerome, 340-420)[37]

라틴 교부중에서 가장 학식있는 사람으로서, 헬라어와 히브리어에 능통하였다. 그는 오리겐의 영향을 크게 받았다. 고전을 좋아하였고 성경연구에 몰두함으로 이방학문을 경계하였다. 그는 히브리어와 헬라어 성경을 라틴어로 번역하였다. 이것을 '벨켓(The Vulgate)'이라 한다. 그는 배움에는 세 가지가 있는데 그것은 가르침, 방법, 실천적 요소라 했다.

⑧ 암부로스(Ambrowe, 340-399)[38]

밀란의 감독이 되기까지 법률가로서 활약하였다. 그는 특별히 그리스도를 위한 구령 사업에 힘쓴 목회적인 교사였다. 철학적 사색을 싫어하였으나 유대인 철학자였던 필로(Philo)의 저서에서 많은 영향을 받았다. 그의 주요 저서인 「De officiis Ministrorum」은 기독교 윤리학의 지도서이다. 그는 초신자 세례준비 교육에 특히 강조하였다.

⑨ 어거스틴(Augustine, 345-430)[39]

이교도였던 아버지와 기독교 신자인 어머니 사이에서 태어난 그는 여러 학교에서 풍부한 학문적 교육을 받았다. 한동안 그는 아프리카에서 수사학 교사로 일하기도 했었다. 어머니의 오랜 기도로 인해 개종하였는데 그때가 서른 세살이었다. 개종 이후 그는 기독교에 헌신하였고, 힙포(Hippo)의 감독이 되었다. 그는 암부로스의 영향을 많이 받았다. 유명한 신학자요 철학자로, 기독교 철학의 창시자이며 교육가로서 근대 교육을 탄생시킨 사람이라고까지 말한다. 그는 인격 교육을 강조했으며,

---

37) L.B.Eavey, op. cit., p.136.
38) Ibid., p.137.
39) 김득룡, '전게서' p.26.

교사의 교육적 자질을 강조하였다. 어거스틴은 현대에 이르기까지 큰 영향을 주는 사람임에 틀림이 없다.

4. 중세기 기독교 교육

A.D. 313년 콘스탄틴 황제에 의해 기독교가 로마제국의 인정을 받은 후, A.D. 367년에는 아타나시우스(Athanasius) 정경을 공식화 했다. 그 후 A.D. 381년에 데오도시우스(Theo dosius) 황제가 기독교를 로마 제국의 국교로 삼게 되자 A.D. 397년의 교회회의에서 정경을 공식적으로 인정하였다. 이렇듯 기독교가 인정받게 되자 기독교 교육의 양상은 큰 변화를 가져왔다. 교회는 더 이상의 집중적인 노력을 경주할 필요가 없게 되었다는 사실이다. 자동적으로 전국민들이 기독교인이 되기 때문에 교회가 국민 교육에 힘써야 했는데도 불구하고 그러지 못했다. 대다수의 일반 대중 계층은 대부분 교육을 받지 못한 사람들이었다. 대중계층에 대한 교육은 이러한 상황을 참작해서 자연히 상징을 통한 교육의 형태로 나타났다. 그 당시의 상징교육은 다음과 같다.[40]

① 성례전 교육(Pilgrimage Education)—상징을 통한 교육은 일반적으로 반복적인 방법이 중요시 되는데, '성찬'이라는 성례전을 중심으로 드렸던 당시의 예배는 교육적인 측면에서 볼 때 반복 교육의 의미를 지닌다.

② 종교미술 교육(Education of Sacred Fine Art)—당시의 대중들은 우수한 미술가가 창작한 미술 작품들로부터 신앙적인 감화를 받았으며, 신비롭게 조화된 교회의 건축양식 속에서 종교심이 고무되었다.

---

40) 김영규 '기독교교육학' 기독교문서선교회 1984. pp.62-63.

③ 종교극 교육(Educaion of the Sacred Drama)－당시의 대중들은 성탄극, 수난극, 기적극 등을 반복해 접함으로써 종교적인 진리를 배웠다.

④ 순례 교육(Pilgrimage education) 실체화된 성물과 성역을 참배하는 순례자적 고행의 길을 통해 종교심을 배양시켰다.

⑤ 교회력 교육(Education of the Church Caledar)－시간 전체가 구속 역사의 반복이라는 관점에서 교회력이 생겨났는데, 이 교회력에 따라 반복적인 절기 및 행사를 통한 교육이 행해졌다.

이러한 중세교회의 상징 교육은 중세기 말엽에 접어들면서 차츰 쇠퇴하기 시작했다. 그러나 상징적 교육은 깊은 의미를 떠나 상징물 자체가 실체화 되어 전혀 다른 효과를 거두게 되는 경우가 있다.[41] 콘스탄틴 대제가 기독교를 국교로 공인한 이후 교회는 세속화 되어가면서 그 영력을 잃었다. 5세기경의 부인할 수 없는 타락의 요인은 기독교 교육의 결핍이었다. 590년 그레고리가 로마 감독이 되면서 교황제도가 시작되었다. 그는 대선교사업으로 야만인들의 개종을 촉구하였다. 그러나 신부들은 점차 무식해지고 있었다.[42]

총회에서 감독이나 신부에게 학교를 설립할 것을 요구했으나 저들은 교육에 대하여 무지해서 실천할 수 없었다. 심지어 로우엔(Rouen)의 대감독이 글을 읽지도 못했으며, 그들의 사치는 극에 도달하고 있었다. 전쟁, 부패, 무지로 말미암아 로마 문화마저 파괴되고 말았다.[43] 그러나 이 시대에 샬만(Charle-

---

41) 구속과 고난을 상징하는 나무로 만든 십자가를 그 의의를 떼어내어 '실체화'함으로서 십자가 표상을 주물화 했던 것이 그 예이다. 이른바 성물숭배라는 교회사적으로 중대한 이벤트였다.
42) L.J.Sherrill. op. cit., p.250.

magne) 대제의 학문 부흥운동이 일어나기도 했으며, 점차 사도적인 메시지의 교육과 훈련에 전념했던 단체들이 박해 속에서 산재하게 되었다.[44]

중세 시대의 공식적 교육기관이라 할 수 있는 몇 가지 기관이 있었다.

① 수도원 학교[45]

a. 역사 : 성 안토니오(Antonio : 애굽에서 275년 출생)가 수도원을 창설하여 수도원의 원조가 되었다. 그 후 주상의 성자로 알려진 시리아의 시몬(Simon)이 안디옥 근처의 60피트의 나무를 세우고 30년간 수도생활을 하였다. 많은 사람들이 이들의 모범을 따르므로, 작은 집단이 생겨 일정한 규율과 법칙을 가지게 되기까지 크게 영향을 미치게 되었다.

b. 훈련 : 베네딕트(Benedict)가 529년에 일련의 규율을 제정하여 교회에서는 수도원의 규율을 채택하였다.

1. 하루에 7시간 노동하여야 한다.

2. 하루에 2 시간 독서하여야 한다.

---

43) 김득봉, '전제서' p.27.

44) ①알비젠스파(Albigenses) : 프랑스 남부에서 카톨릭교회와 다른 신자들이 집합함으로 시작되었다. 이들은 성경을 전체 받아들이지 않으면서 카톨릭의 미사와 우상 숭배는 반대하였다. 후에 이들은 발칸반도로 도망갔다. 이들은 후에 종교개혁에 크게 도움을 주기도 하였다.
② 왈렌시스(Waldenses)파 : 프리몽의 알핀 계곡에 형제단이라고 자칭하는 회중이 수세기간 존재하고 있었다. 성경만 믿고 우상이나 교회에 유행하는 악들을 멸시했다. 이들은 성경을 읽고 가정예배를 드리며 아이들이 사역을 했다. 1830년 교황 클레멘트9세의 종교재판으로 그들은 핍박을 받았고, 그 후 13년동안 230명이 화형에 처했다. 1,400만 박해로 인해서 각지로 피해 추위와 기아로 죽었고 이노센트8세의 균인 18,000명이 그들을 습격함으로 그들은 전 유럽으로 흩어졌다.

45) 김득룡, '상게서' pp.29-30.

3. 순결, 가난, 순종하여야 한다.

c. 교육 : 성경연구와 고전연구

수도원의 큰 공헌 중의 하나는 성경사본이었다.[46]

② 사원학교

이 곳은 소장 신부들이 유숙하면서 선배 신부들의 지도를 받는 일종의 교역자 양성소였다.[47]

③ 외각학교 또는 문법학교[48]

교육 회망 인구가 급증하게 됨으로 인해 A.D. 859년에 랑네스 회의(Synod of Langnes)에서 감독들에게 요청하여 설립된 학교로, 새로운 교육 형태였다. 이곳은 성직자와 귀족이외에도 각국에서 모여든 학생들이 공부할 수 있게 하였다. 교육내용은 의학, 법률학, 신학 등을 강의했다.[49]

④ 일반 교육기관

중세시대에서의 대학 출현은 획기적인 교육개선을 가져왔다. 문법과 수사학과 법학을 가르치는, 세속학교, 귀족학교, 왕궁학교, 기사도학교, 사립 및 시립학교 등이 곳곳에 세워졌다. 일반 대중에게 의무 교육이 없었으므로 상당한 숫자의 학교가 있었음에도 불구하고 일반 대중은 읽거나 쓸 줄을 몰랐다.[50]

최초의 대학은 12세기 이탈리아의 볼료나(Bologna)대학이며, 이는 주로 법학을 위주로 교육하였다. 그러나 파리대학은 신학을 중심으로 교육하는 대학으로서 '학문조합'이 주도권을

---

46) Benson , C.H.A.Popular History of Christian Education. Chicago : Moody Press 1943. pp.62-63.
47) 김영란 '전게서' p.64.
48) Ibid,. p.64.
49) 문법학교의 모체는 사원학교였으며, 기초교육을 위한 문법학교는 6세기에 설립되었다.
50) C.B.Eavey. op. cit., p.151.

행사했었다. 이 대학들은 사실상 수도원학교, 사원학교, 그리고 문법학교에서 발전된 형태의 학교였다. 이들 대학들의 위대한 공헌은, 14세기와 15세기 기간에 발생한 문예 부흥(Renaissance) 운동을 주도한 지도자들을 훈련시시킨 점이라 할 수 있겠다. 당시 대학에서 배출한 인물로서는 R. Bacon, Dante, Petrarch, Wycliff, J. Huss, Copernicus, M. Luther 등이 있다.[51] 그러나 수도원과 교회는 세속화 현상이 표출되어 돈버는 것과 세력을 장악하는 곳으로 변화해 버렸다.[52] 많은 승려들은 무식했으며 영적 지도력을 상실하였다.[53] 일반 교육의 지적인 발전은 새로운 지식을 가져왔다. 특히 콜럼부스의 대륙 발견으로 지구의 모양이 어떠한가를 알게 됨과 동시에 코페르니쿠스의 지동설로 상공업의 식민지 확장을 촉진시켰다. 그외에 활자의 발명은 중세시대의 교육에 크게 공헌하였다.[54] 중세 교육의 또 하나의 특징은 스콜라 철학[55]의 정립을 들 수 있다. 이 스콜라 철학은 9세기부터 15세기까지 크게 유행하였다. 스콜라 철학의 기본 교의는 교부들의 가르침과 아리스토텔레스의 논리학 위에 세워졌다. 이 스콜라 철학

---

51) Ibid., p.154.

52) 김득룡 '전게서' p.31.

53) 마인쯔의 대감독은 성경에 대하여 '실로 나는 이 책은 무슨 책인지 모른다. 그러나 그 안에 있는 모든 것이 우리와 반대되는 것으로 안다'고 말했다. 또 Hooper 가 Gllucester 감독으로 갔을 때 311명의 그의 승려들 중 168명이 십계명을 외우지 못하고 그들 중 3분의 1이 십계명이 어디에 있는지도 알지 못하고 있었다. C.H.Benson. op, cit., p.64.

54) 1420년 화란 할렘(Harlem)에서 로우렌스 코스터(Lawrence Koster)가 목판을 발명하였고, 1450년 쿠텐베르크는 금속활자를 발명, 성경을 인쇄하였다.

55) 스콜라철학은 중세기 신학 발전과 관련이 깊은 에리게나(Erigena)에게서 시작되었다고 볼 수 있다. 그는 참된 종교와 참된 철학은 그 내용과 목적에 있어 일치되며, 오직 차이점은 그 형태에 있을 뿐이라고 주장하였다. 그 후 안셀(Anselm 1033-1109)을 거쳐 스콜라 철학의 대부인 토마스 아퀴나스(Thomas Aquinas, 1225-1274)에 이르러 완성되었다고 할 수 있다.

은 신앙과 이성 사이에 대립이나 모순이 없다고 주장하였다. 그것의 목적은 이성으로써 신앙을 지지하며, 신앙에 대한 모든 질문에 논의와 토의와 논리적 분석으로 지정적인 답변을 하려는데 있었다. 9세기부터 13세기 후에는 점차 아리스토텔레스 철학의 영향을 받았다. 스콜라 철학은 지식을 조직화 하며 과학화 하는데 힘썼다. 따라서 그 지식은 신학과 철학에 관한 것이기에, 귀납적이거나 논리적이라기 보다 연역적이었다. 중세기의 교육을 한 마디로 정의하기는 매우 어렵다. 그러나 중세 교육을 두 가지로 요약하면 교권확장의 수단으로 교육이 이용된 점과, 성직자와 특수층 귀족에게만 교육의 기회가 부여되었다는 약점이 있기는 하지만 여러 공식적인 교육기관이 설립되었다는 점에서 높이 평가되어야 할 것이다.[56]

5. 종교 개혁시대의 기독교 교육

12세기 말엽부터 중세기 동안에 형성된 철학과 교리와 교육의 구조가 변경될 수 밖에 없는 심각한 도전이 나타나기 시작했다. 그것은 13세기에 절정을 이루었던 로마 카톨릭이 쇠퇴하기 시작하는 현상이었는데, 그 원인 중의 하나로 로마 카톨릭을 지도했다고 볼 수 있는 스콜라 철학이 연역적[57]으로만 그 진리 형성을 고집했기 때문이라고 했다.[58] 로마 카톨릭은 스콜라 철학의 근거에 세워짐으로 진리의 이중적 표준을 가지고 있었다. 따라서 이성과 계시의 상호 모순속에서 새로운 사

---

56) 김영규 '전게서' p.65.
57) 연역적 사고 방법은 이성의 활동을 제한시켰고, 다른 사상에 그들의 생각을 개방시키지 못하였으며 의미 없는 논쟁만 일삼았다.
58) C.B.Eavey. op. cit., p.174.

상이 대두됨으로 종교개혁이 일어날 수 밖에 없는 징조들이 일어나고 있었다. 13세기 말엽부터 로마 카톨릭에 반대하는 많은 사람들이 나타났다. 교회의 부패가 격증되자 상대적으로 교회의 영적 생활은 마비되는 듯 했다. 반면 교회의 권위는 강화되어 감으로 그 권위에 반대하는 사람은 이단시 되어 출교와 핍박, 죽음까지 감수해야 했다. 로마 카톨릭의 온갖 박해에도 불구하고 마침내 영적 생활의 회복을 갈망하는 사람들에 의해 '공동생활 형제단'이 탄생되었고, 이들에 의해서 기독교 교육의 종교개혁이 단행되었다. 이들의 영향은 당시와 후대에 큰 영향을 주었다.[59]

중세기를 종식시킨 다양한 요소 가운데는 유명론[60]의 증가와 외적인 변화들이 포함되어 있다. 특히 외적 변화에는 과학의 발달과 지리적 발견, 사회구조의 변천, 정치적 불안, 경제적 변화, 인문주의의 극대화 등의 요인을 들 수 있다.

아울러 도시의 성장과 대학의 설립을 가져온 정신적인 태동으로부터 루터(Luther)와 멜랑톤(Melanchton), 쯔빙글리(Zwilngly), 칼빈(J. Calvin), 존 낙스(J. Konx)와 같은 대학 교수들과 성직자들의 지도하에서 16세기에 프로테스탄트의 종교개혁이 일어나게 되었다.

---

59) 공동생활 형제단이 화란, 북부 독일, 프랑스, 덴마크 등에서 일어났다. 이들은 화란의 신비운동가였던 게르할트 후로우트(G.Groote, 1340–1384)의 제자인 토마스 아켐피스(Thomas Akempis, 1380–1471)에 의해 조직된 단체로서 종교개혁의 선구자적 역할을 한 많은 인문주의자를 배출시켰다.
60) 11세기에 일어난 명분론(유명론)은, 우주적 관념은 실체가 아니라 단지 명칭에 불과하다고 간주하고 개체의 실재성을 강조했다. 과학이 발전될수록 유명론은 경험주의와 일치하였다. 유명론은 개인적 견해를 강조하였고 전통에 반대하였으며, 경험을 영적 삶에서 벗어나 과학만을 의지하게 만들었다. 결국 유명론은 교회의 권위를 근본적으로 공경하였다. 유명론의 대가는 윌리암 오캄(William of Occam, 1300-1349)이다.

1) 종교 개혁자

① 마틴 루터(Martin Luther, 1483-1546)

마틴 루터의 종교개혁은 기독교 교육에 있어서 코페르니쿠스적 전환(Coperiean Revolution)이었다. 그는 독일어로 성경을 번역함으로 교육의 일반화에 큰 공헌을 했다. 번역된 성경은 널리 보급되어 독일 국민들의 실제적인 성경 및 국민의 교과서가 되었던 것이다. 그의 많은 저작 중에 특히 교육에 관하여 기술한 책으로서 중요한 것은 「기독교적 신분 개선에 관하여 독일 국민의 기독교 귀족에 붙이는 글」이 1520년에 출판되었고, 1524년에 「기독교 학교를 설립하고 유지해야 할 것을 논하는 헌장」, 그리고 1530년에 출판된 「아동을 취학시켜야만 하는 일에 관한 설교」가 있다. 그는 위의 저작들에서 초등학교, 고등학교에서, 보다 중요한 필수적인 수업은 성경, 특히 복음서가 교육의 기본이 되어야 함을 권장했다.[61] 그의 교육 목적은 그리스도 안에서 하나님께 영광을 돌리는데 두었다. 그는 하나님의 말씀을 인생의 각 영역에 적용시켜 각기 다른 직업을 가진 모든 사람들에게 적용할 수 있도록, 그 말씀을 의의 있게 하는데 그 궁극적 목적이 있다고 했다. 따라서 교육의 기본 목적은 시공을 초월하여 모든 사람에게 해당되는데 이것은 절대적인 동시에 보편적이라고 하였다.[62] 그러나 그는 학교와 교회를 국가의 관리 아래 두도록 하였는데, 이것은 당시의 독일 교육을 국가가 통제하도록 만드는데 크게 공헌했던 점이

---

61) 1524년초 루터는 독일 시당국자들에게 공교육을 호소하였다. 그는 부모들이 성경을 자녀들에게 가르칠 책임이 있음을 인정하였다. 따라서 가정교육 다음으로 공교육의 중요성을 인정했다. 그는 국가의 장래를 위하여 종교교육의 필요성을 느끼며 교육의 선봉자가 되었다. 김득룡 「기독교교육원론」, p.33.

62) H.J.Grimm. *Martin Luther-A History of Religious* Educatons(ed.) Elmer L.Towns (Grand Rapids Baker Book House, 1975). pp.103-106.

다. 루터의 이러한 교육정책은 교육을 속화(Secularization)시
키려는 것이 아니라, 오히려 성경에서 구체화된 생활 원리가
사람들의 일상 생활 속에서 생동하고 실천되기를 원해서였다.
63) 이것은 그의 교육관이 한편으로는 종교교육이며, 또 한편
은 도덕교육을 의미한다고 볼 수 있다. 그는 실로 교육개혁가
로서 전인적 인간을 만드는 획기적 교육을 주장했다. 그의 교
육적 공헌을 종합해 보면 다음과 같이 요약할 수 있다.

　① 성경을 자국어인 독일어로 번역하여 누구나 읽게 하였
다.

　② 교육의 일반 대중화를 시도했다. 즉 성경을 누구나 읽게
하고 배울 수 있도록 하였고, 국어 교육을 겸한 종교교육의 장
을 만들어 민중학교(Volkschule)를 발전시켰다.

　③ 남녀 모두 교육을 받게 하였다.

　④ 각 도시마다 직업학교를 설치하도록 강조했다.

　⑤ 국립 학교의 운영을 위해 세금 징수의 필요성을 역설했
으며 교육은 국민의 의무라 했다.

　⑥ 의무 교육의 제도적 확립을 주장하였다.

　루터는 하나님의 말씀을 생의 영역에 적용시키는 삶의 근본
을 제공하였고, 가정교육과 학교 교육의 중요성을 말하였다.
현대 교육자들에게까지 영향을 준 그의 교육적 이념은 매우
탁월하다고 할 수 있겠다.

　② 멜랑톤(Philp Melanchton, 1497-1560)

　멜랑톤은 루터가 일반 교육에서 실행한 교육적 견해들을 학
교에서 구체화 시켰다. 그는 독일에서 학교 교장으로 취임하

---

63) Elmer H.Wilds, *The Foundatioms of Modern Education*(NY : Rinehant Co., Inc.
　1942.

였고, 42년간이나 비텐베르그(Wittenberg)의 대학에서 강의하
였다. 그는 에라스무스처럼 인본주의자로서 전 생애를 보냈다.
그는 상급학교들과 대학교에서 인본주의적 학문을 많이 소개
하였는데, 그의 영향은 독일 여러 곳까지 크게 미쳤다. 그의
헬라어 문법과 라틴어 문법은 전 독일 학교의 교과서로 사용
되었다. 기타 수사학, 윤리학, 신학, 교육학 저서들도 많은 **학
교**에서 연구되었다.[64]

③ 칼빈(John Calvin, 1509-1564)

칼빈은 성도 한 사람 한 사람이 철저한 자기 인식을 가지고
하나님 앞에서(Coram Deo) 자기의 삶을 책임져야 한다는 입
장에서, 책임있는 주체자를 교육하는데 그 교육적 역점을 두
었다. 그는 회랍과 로마의 고전적인 지식을 높이 평가하고[65]
이것을 각급 학교 교육에 적극적으로 도입하였다. 또한 그는
교회의 구조를 '교육'과 '봉사'의 기능으로 구분하여 '교육행위'
를 교회라는 터전 위에 확립할 만큼 교육을 강조했다. 학교 교
육에 대한 칼빈의 관심은 '제네바 대학' 설립에서 나타난다.[66]
그는 성경과 인문 교육, 그리고 시민 교육을 강조하였다. 이러
한 칼빈의 교육적 공헌을 요약하면 다음과 같다.

① 성경 교육에 미친 공헌을 들 수 있다. 칼빈의 신학적 배
경은 성경이다. 그는 성경이야말로 모든 학습의 기초가 된다
고 했다

---

64) 김득룡 '전게서' p.34.
65) J.Calvin, *Institutes of the Christian Religion*. Vol, I, chap.S.
66) 칼빈은 '제나바 학교를 위한 계획'에서 다음과 같이 강조한다.
   ① 하나님의 말씀은 모든 배움의 기초가 되며, 인문학과는 하나님의 말씀에 대
   한 지식에 도움을 준다.
   ② 제네바 학교는 성직자 교육만이 아니라 시민 교육에도 필요하다.
   제네바 대학은 1559년에 설립되었는데 예과 4년을 마친 후, 본과 3년 과정에서
   신학을 공부하게 하였다.

② 인문주의 교육에도 크게 영향을 끼쳤다. 그는 고전의 가치도 인정하였다. 특히 제네바 대학에서도 인문교육을 강조하였다.

③ 그는 생활 교육을 강조하였다.

경건 훈련을 통하여 전 인격적 변화를 강조하면서, 하나님 앞에 사는 존재로서의 인간을 만드는데 큰 공헌을 했다. 그래서 궁극적으로 하나님의 영광(Gloria Deo)을 나타내는 것이 교육의 목적이라 했다.

마지막으로 칼빈의 교육사상에 대해서 종합해 본다.[67]

① 교육사상의 기초 – 하나님의 말씀이다. 성경은 인간의 신앙과 행위에 있어서 유일한 권위이며, 교육에 있어서도 최초 최종의 권위이다.

② 교육의 대상 – 하나님의 피조물 중에서 교육의 대상은 인간이다. 그의 인간에 대한 견해는 인간이 하나님의 형상으로 지음받은 피조물이며, 하나님의 명령에 불순종하여 범죄하였고 전적으로 타락하여 부패하였다는 것이다.

③ 교육의 목표 – 기독교인의 생활로 나아가는 것이다. 하나님을 경배하며 모든 방법을 통해 하나님의 영광을 나타내야 한다.

④ 교육의 주제 – 하나님에 관한 지식과 인간에 대한 지식이다. 이 지식을 얻는 원천은 성경과 일반 지식이다.

⑤ 교육의 방법 – 기독교 강요에서 찾을 수 있다. 첫째는 하나님의 방법으로 성경과 자연의 계기가 있어야 하고, 성령의

---

67) 칼빈의 교육사상을 일곱 가지로 나누어 설명한 J.C.coetzee의 「세계의 예술 발전을 향한 칼빈주의의 공헌」(The Calvinistic Contribution Toward the Development of Art in the World) p.201-225에 나타난 내용을 정정숙 교수가 인용한 것을 요약하여 재인용한 것임.

역사가 있어야 한다.

둘째는 인간의 방법으로 바른 교육을 위해 신앙을 가져야 하고 자기부정, 기도, 묵상, 선행의 훈련이 있어야 한다.[68]

⑥ 교육의 내용 - 하나님의 말씀

⑦ 교육의 영역 - 가정, 교회, 학교 그리고 국가로 보았다. 학교를 통제하는 힘은 교회에 있고, 모든 교회는 신자들을 올바로 교육하여야 한다.

칼빈의 교육적 범위는 대단히 광활하다. 그는 하나님의 주권안에 모든 것을 종속, 통일, 조화시켰다. 그의 신학은 예정교리만은 아니다. 그리고 그의 5대 교리[69]가 전부가 아니다. 그것은 일부분일 뿐이다. 그는 종교개혁자, 신학자, 주경학자, 교육사, 설교가로서 높은 지위를 차지하고 있음이 분명하다.

2) 개혁자들의 신앙고백서

기독교 교육에 대한 개혁자들의 가장 큰 공헌은 저들의 요리문답서인 신경을 만든 것이다.[70]

① 루터의 신앙 고백서

루터가 삭소니 교회들을 방문하던 중 교인들의 무지를 발견하고 1529년 2권의 교리서를 만들었다. 조항마다 질문과 답변이 있다. 성경을 많이 인용하였다.

② 앵그리칸(Anglican) 신앙고백서

---

68) John, Calvin, *op. cit.*, Vol. Ⅰ-Ⅲ.
69) 전적타락(Total Depravity)
　　 무조건적 선택(Unconditional Electon)
　　 제한속죄(Limited Atoment)
　　 불가항력적 은혜(Irresistable Grace)
　　 성도의 견인(Perseverance of the Saint)
70) 김득룡 *op. cit.*, pp.34-36.

이것은 1549년 에드워드 6세(Edward 6)의 제일 기도서로 처음 출판했다. 기도서는 영국 교회 대감독 그랜머(Grammer)의 지시에 의해 준비되었다. 특징은 간단하고 단순한 점이다.

③ 하이델베르그(Heidelgerg) 신앙고백서

1563년에 나온 것으로 루터신경보다 더 자세하다. 개혁주의 칼빈주의자에 의해 사용된다. 이 신경은 4개의 자세한 요리문답과 신앙고백으로 되어있다.

④ 웨스트민스터(Westminster) 신앙고백서

1643-1648년에 걸쳐 나왔다. 5년동안 작성된 이 신조는 신교의 우수한 고백서로 인정받고 있다. 그러나 인간적인 온정미가 거의 없다. 장점은 하나님에서 시작하여 하나님이 중심이 되었으며, 하나님의 주권과 성경의 권위를 중심주제로 하고 있다는 점이다.

3) 종교개혁의 교육적 의의

종교개혁은 중세 사회의 다양한 사상을 안고 그 갈등을 표출해 낸 운동이라 할 수 있다. 로마 카톨릭의 교황권의 부패를 일소하고 부패된 종교를 새롭게 만들려 했던 초대교회로의 복고 운동이다. 즉 중세 암흑시대를 청산하고 새로운 역사를 창출하려는 운동이었다. 이 운동은 문예 부흥의 연장이지만 사람은 신앙에 의해서만이 구원을 얻을 수 있고 성경만이 하나님의 진리를 가르쳐 준다는 점을 확인시켜 준 운동이었다. 종교개혁은 사회, 정치, 경제, 문화, 예술 등 다양한 영향을 끼쳤지만 특히 교육에 미친 영향을 살펴보면, 다음과 같다.

첫째 초등 교육에 있어서 남녀 차별없이 누구나 교육을 받

을 수 있는 획기적인 변화를 가져왔고,

둘째 중등교육, 대학, 교사 교육에 이르기까지 그 공교육의 가치에 대해서 크게 일깨움이 되었다.[71] 교회사에 있어서 종교 개혁기처럼 교회, 가정, 학교, 그리고 국가가 기독교 교육을 육성시킴에 있어서 밀접한 유대를 가져본 적도 없다.[72]

6. 근세의 기독교 교육

1) 근세에 나타난 사상 - 경건주의 운동

17세기부터 18세기에 이르는 시기는 새로운 사회구조의 변화를 겪는 시기였다. 지주와 소작, 귀족과 평민 관계의 이원적 사회구조를 이룬 것에 반하여 근대에는 제3의 계급 구조가 새롭게 형성되는 시기였다.[73] 이 부류의 집단이 바로 '제3계급'인 이른바 중산 계급이며, 중세적인 신비주의에 대항하는 합리주의 혹은 계몽주의 사상이 이 시대를 풍미하는 주도적인 사상적기류였다. 이러한 상황속에서 과거 1000여년 동안 중세 사회가 의지해 왔던 교회 주관의 학교 교육에 큰 변화가 일어났다.[74] 그러나 교회내에서 나름대로 기독교를 변호 내지는

---

71) Ibid., pp.36-35
  종교교육 후 교육에 미친 영향을 연구하려면, 김득룡 교수의 「기독교교육론」 pp.72-88과 C.B.Eavey. 김근수. 신청기역 「기독교 교육사」. pp.217-250을 참고로 할 것.
72) 노르만 E. 하퍼 「현대 개독교교육」 (서울 : 엠마오. 1986). p.125.
73) 제3의 계급이란 산업혁명으로 인하여 형성된 계급을 말한다.
  존 록크(J.Locke. 1632~1704)는 개개인의 능력과 논리적이고 이성에 부합되는 합리적인 것만이 득세하는 새로운 부류의 집단을 탄생시킨 그 사상적 기반을 구축한 학자였다. 그는 유물론적 합리주의의 대표적 사상가였는데, 그는 진리로 인도하는 길이 오직 이성(reason)이라 주장했다.
74) 이 때 새로운 학교의 형태가 나타났는데 사립학교. 교회와 연결된 학교. 자선학

방어하려는 몇 가지 사상들이 일어나기도 하였다.[75]

　① 정통주의(Orthodoxism) - 정통주의는 물밀듯 닥쳐오는 세속적인 세력에 대해 기독교를 세속적인 경향에 침륜시키지 않게 하려는 동향이었다. 정통주의 교육을 기독교적 원리들 위에 세워진 교육에 대한 칼빈주의의 심오한 면에 관심을 가지고 있어, 인간 이성을 주로하는 전혀 세속적, 일반적 교육이나 오늘날까지도 지속되는 교육에 관한 사색과는 전혀 다른 것이었다.

　② 경건주의(Pietism) - 17세기 초반부터 18세기 초반에 현대 일반 교육의 발생이 있었다. 사람들은 인본주의의 불충분을 인식하였고, 무력한 교리신학에 염증을 느꼈다. 사람들은 자연에 관심을 가지게 되었다. 근본적으로 경건주의는 루터교회와 관련하여 발생한 변화에 대한 일종의 저항운동이었다. 경건주의[76]는 성경의 순수하고 단순한 교훈을 높이고, 교리를 소극적인 위치에 두는 하나의 영적 반동이기도 하였다.[77] 이들은 루터가 강조한 성경연구와 기도, 그리고 칼빈주의적인 순결한 행위가 따른 신앙을 함께 강조하였다. 그러나 중생의 체험과 기독자의 생활에 있어서의 성령의 사역을 지나치게 고집하였다. 이 운동의 창시자는 스페너[78](P. J. Spener, 1635-1705)이

　교가 운영되었다.

75) 김영규, 전게서. pp.81-89.

76) 경건주의는 종교 신앙생활 중에 지적인 면과 관습적인 면보다는 정서적인 면 즉, '내면적인 경험에' 속한 경건을 중시하였다. 경건주의는 사상적으로 중세의 신비주의 운동의 외적 정화로 나타난 단체들과 거슬러 올라가 신플라톤주의와도 관계를 가지고 있지만 기독교 깊숙히 자리잡고 있는 주의이다.

77) C.B.Eaveey. *op. cit.*, p.241.

78) 스페너(P.J.Spener, 1635-1705)-경건주의의 창시자. 스위스의 칼빈주의의 영향을 받은 목사로서, 독일의 신비주의적인 저술에 친숙해 있었다. 그는 1670년경 그가 목회하는 교회에서 '오직 경건에 이르기를 힘쓰라'는 디모데전서 4 : 7을 들어 성도들을 소그룹으로 조직하여 경건적 신앙운동을 전개하게 하였다.

며 그의 제자인 프랑케(A.H.Franke, 1663-1727)는 '경건대학'
을 설립하여 경건주의적 종교교육을 실시했다. 프랑케는 14세
에 엘프르트 대학교에 입학한 후 곧 이어 카일라 라이프직 대
학교에서 철학, 신학, 일반 역사, 교회사, 물리학, 자연과학, 수
사학, 특히 헬라어와 히브리어 등의 어학을 공부하였다. 그는
설교를 준비하기 위해 기도하다가 중생의 체험을 한 후 스페
너와 협력하여 독일의 루터교 중심의 복음적 정신을 강조했
다. 그는 한때 경건주의에 반대한 교수들에 의해 추방되기도
했으나, 외곽지역의 가난한 아이들을 가르쳐서 그들의 무지와
빈곤과 부도덕을 제거하려고 노력했다. 그의 이러한 교육은
기독교 교육을 통해서 해야 한다고 강조하였다. 그는 특히 자
신의 논문인 '기독교 교육에 관한 간결하고 단순한 논문'에서
성결생활은 교육의 최고의 목적이라고 했다.[79] 프랑케는 대학
시절 코메니우스(J.A.Comenius, 1592-1672)로부터 크게 영향
을 받았었다. 코메니우스는 모라비안교회[80]의 목사였으며 감
독이었다. 그의 가르침과 생활은 모라비안 교회의 신앙과 정
신에 일치되었다.

　코메니우스 당시의 교육은 극도의 이성주의에서 극도의 감
정주의로 변환되는 시기였다.[81] 그는 지식의 기원으로써의 감
각을 주장하는 베이컨의 원리와 내재적인 개념들에 관한 데카
르트의 이론을 공히 긍정하였다. 그는 기독교인은 우선적으로
계시에 의존해야 하며, 그 후에 이성을 사용하여 계시의 이해

---

79) C.B.Eavey. *op. cit.*, p.245.
80) 모라비안 교회는 형제단(Bohemian Berthren)이라고도 한다. 이 보헤미안 형제단
　　온 죤후스(J.Huss)의 추종자들이었는데 이들의 교회는 위클리파(Wyeliffltes)와
　　왈로파(Waldensians)의 교리와 연결되어 있었다. 그들은 교리적인 문제보다는
　　실제적인 기독교인 생활에만 강조점을 두었다.
81) 김영규 전게서 p.98

에 도달해야 한다고 주장하였다. 그는 성경의 무오성을 믿었다. 그래서 성경을 지식의 가장 중요한 기초이며 원천으로 생각했다.

그의 '대 교수학(Didatica Magna)' 33장에서 주장한 교육목적 일곱 가지를 열거해 본다.[82]

① 인간은 최고의 피조물이며, 가장 절대적이며 가장 탁월한 피조물이다.

② 인간의 궁극적 목적은 이성에만 있는 것이 아니다.

③ 이 땅에서의 생명은 영생을 위한 하나의 준비에 불과하다.

⑷ 영생을 준비함에는 세 가지가 있는데 자신을 알고, 자신을 지배하고, 자신이 직접 하나님께 나가야 한다.

⑤ 영생을 준비하는 세 가지 요인인 배움과 덕과 종교는 자연적으로 인간속에 뿌리를 박고 있다.

⑥ 인간이 존재하는 곳에는 반드시 교육이 존재해야 한다.

⑦ 인간에게 주어지는 교육은 어려서부터 교육에 의해 용이하게 형성된다.

그러나, 이 시기를 지나면 용이하게 형성되지 않는다.

근세기에 일어난 경건주의는 영적 체험을 중요시 하였고 기독자의 삶에 성경공부의 실제적 가치성을 제시하였으며 박애주의와 선교사역에 새로운 관심을 불러 일으켰고 기독교 교육의 중요성을 새롭게 부각시켰다. 또한 교육과 실생활을 유기적으로 일치시켰다. 기독교 교육에 있어 아동 교육의 중요성을 인식케 하였고, 하나님의 계시에 관함 보다 참된 관념을 갖도록 사람들을 일깨웠으며, 예배양식의 발전을 가져오게 하였다. 특히 기독교 교육에 있어 경건주의는 하나님의 모든 교육

---

82) Ibid., pp.88-89

에 중심이 되어야 한다는 사실을 강조하게끔 만들었다.[83]

2) 영국의 주일학교 운동

근세 이후 현대에 이르기까지의 기독교 교육의 특징은 첫째가 평신도의 교육운동이고, 둘째가 주일학교 교육사업이며, 세째가 조직적인 교육운동이다.[84]

(1) 주일 학교의 시작

영국의 주일학교의 초기 운동은 교회와 무관하게 시작되었다. 첫 주일학교가 1780년 영국 그로우스터에서 로버트 레이크스(Robert Raikes)에 의해서 조직되었다. 개인 집에서 개교된 이 주일학교는, 주일에 직장에 가지 않으므로 떠들고 난리치면서 돈치기 놀이를 하며 저주하고 맹세하며 또 저주하는 가난한 아이들이 안식일을 타락시키는 것을 방지하기 위해서 시작되었다.[85] 그러나 레이크스의 하는 일에 지지자들이 없고 친구나 교회까지도 비판적이었다. 그는 신념을 굽히지 않고 4명의 교사까지 채용하여 교육을 계속했다.[86]

점점 증가하는 학생들을 가르치는 학교를 세우고, 자신이 경영하는 신문을 통해 대중의 인식을 넓혀 가며 관심을 갖게 했다. 주일 학교는 영국 전역에 급속도로 전파되었다. 마침내 사회 저명 인사들과 여왕까지도 지지해 줌으로써 1811년 그가 사망할 즈음에는 40만의 학생이 주교에 출석하였다. 그러나 교회는 세속적이라 하여 반대하고 있었다.

---

83) C.B.Eavey. *op. cit.*, p.250.
84) 김득룡 전게서 p.250.
85) Ellwood P.Cubberly. *Reading in the History of education*(Boston : Hough Mifflin Co., 1920). p.514.
86) C.H.Benson, *Ibid.*, p.122.

② 연합운동과 교회의 태도변화

레이크스에 의해 시작된 주일학교는 18세기 후반의 복음주의적 부흥운동과 연합되었다. 아이들에 대한 교육[87]을 계속하고 회심한 사람들의 신앙과 부흥이 식는 것을 막기 위한 어떤 방법을 강구하는 시기이기도 하였다. 특히 1785년 윌리엄 폭스[88](William Fox)를 주축으로 한 주일학교 협회가 결성되어 초교파적인 성격을 띠고 확장되어 갔다. 레이크스의 교육운동은 존 웨슬레(John Wesley)의 적극적인 지지로 큰 성공을 거두었고, 초기 반대하던 교회의 태도도 변화되기 시작하였다. 교회와는 독립된 기관으로서 어린이들을 복음화하는데 큰 공헌을 했다. 웨슬레는 그의 지도자들에게 주교를 위한 어린이 회의를 조직할 것을 다음과 같이 지시했다.

첫째, 1주일에 한 시간을 어린이와 같이 보낼 것.

둘째, 가정에서 언제 누구를 보든지 그들과 이야기 할 것.

세째, 그들을 위해 기도할 것 등이다.

1803년 7월 13일에 '런던 주일 학교 연합회'가 발족되었다.

이 연합회의 주된 목적은 젊은이들에 대한 종교적 교훈과 교육을 자극하고 격려하며, 교훈방법을 향상시키고 새로운 학교의 개설을 촉진시키며, 필요한 서적을 염가로 공급함에 두었다.[89]

---

87) 초기의 주일학교에서는 6세부터 12세, 또는 14세까지의 어린이들이 모였으며, 교과 과목으로는 글 읽기, 철자법, 예배, 성경연구, 문답식 공부(catechism)였다. 아침 10~12시까지 오후에는 1시~5시30분까지 공부가 계속되었다.

88) 런던의 한 상인으로서, 영국의 모든 가난한 사람들이 성경을 읽을 줄 안다면 도덕적이고 종교적인 대 개혁이 일어날 것이라는 것을 인식하던 중 레이크스를 알게 된 것이다. 그는 1785년 9월 7일 주일학교 협회를 시작하였다.
C.B.Benson. *op. cit.*, p.124.

89) 1805년경에 4권의 책이 출판되었는데 「주일학교 형성을 위한 계획」, 「교사를 위한 안내」, 「성구 교리 문답서」, 「독서입문서」 등이다. 후에 정기 간행물로 「보고

3) 미국의 주일학교 운동

미국은 자신의 행복과 번영을 위하여 종교와 교육의 필연성을 굳게 믿는 사람들에 의해 건국되었다. 미국으로 파급된 주일학교는 새로운 양상으로 변모하였다. 미국에서의 첫번째 주일학교 연합회는 1824년에 필라델피아에서 결성되었다. 미국의 초기 주일학교의 과목은 교리문답, 성경문제집, 찬송가, 그리고 암송을 위한 기도문집들을 어린이들이 사용할 수 있게 만들었다. 당시의 주일학교는 주로 평신도 운동이었고, 교단적인 간섭이나 지배가 없었으며, 종교적 지성의 수단으로써 여러 교단들의 인정을 받았다. 특히 미국의 주일학교 운동은 세 가지 형태를 이루었는데[90] 다음과 같다.

① 개척교회 주일학교(The Local Church School) : 교회가 있는 곳이면 어느 곳이나 있었던 학교.

② 도시 전도학교(The Mission School) : 지역사회의 빈곤한 학생들을 교육하기 위한 학교.

③ 개척 주일학교(The Pioneer Sunday School) : 동부에서 서부로 개척사업이 이전 됨에 따라 그 개척지에 설립된 학교의 형태로 설명할 수 있다.

미국의 주일학교는 1776년 미국 독립이 선언된 이후 1789년에 정교 분리의 헌법을 제정 공포하게 됨으로써, 일반학교 교육에서 벗어나 주일 하루만을 이용하여 종교교육을 시켜야만 했다. 따라서 주일학교 교육의 새로운 방향전환이 불가피했던 것이다. 남부지역인 남카로니아가 1790년 찰스톤(Charleston)에 의해서 세워졌고, 1804

: The Repository」와 「교사를 위한 잡지 : Teacher's Magazine」가 발행되었는데, 교육적 특성면에서 우수했다. C.B.Eavey. *op. cit.*, pp.285-286.
90) 김영규, 전게서, p.91.

년 메리랜드(Maryland)에 윌머(Willmer)목사에 의해서 학교가 세워졌다. 북부지역인 로드 아일랜드(Rhode Island)에 1791년 코리어(Collier)씨가 주교를 개교했으며, 뉴욕에는 1792년 인디언 여자의 집에서 첫 주교가 개교되었다. 그 후 1794년에는 뉴저지(New Jersey)에서, 1809년에는 펜실베니아(Pennsyivania)에서 주일학교가 시작되었다.[91] 1790년 필라델피아의 각 종파에서 모인 시민들에 의해 '주일 또는 안식학교 협회'가 형성된 후, 1804년에는 '연합협회'를 서로 다른 종파의 여성들이 조직하여 여자 어린이들에 대한 종교적 훈련을 담당했다.[92] 1808년에는 '복음협회'를 구성하였고,[93] 1916년 뉴욕에서도 주일학교 발전을 위한 연합회가 형성되었다.[94] 뒤이어 이와 유사한 연합회들이 보스톤(Boston), 프린스톤(Princeton), 콜롬비아(Columbia) 등지에서도 설립되어 운용되었다. 대부분 연합회는 지방 단위로 설립되었지만 그 활동은 국가적 차원에 있었다. 1824년 '미국 주일 학교 연합회'가 결성되어 헌법이 만장일치로 가결되었다.[95] 1815년경부터 일어난 내적 경건의 부흥 운동은 급기야 1872년에 이르러 '국제 통일 공과'를 반간케 하였으며 1872년 이후에 '국제 주일학교 협의회'가 1914년 시

---

91) C.H.Bensos. *op. cit.*, pp.132-134
92) C.B.Eavey. *op. cit.*, p.291.
93) *ibid.*, p. 291.
94) Ibid., p. 292.
95) 미국 주일학교 연합회의 조직 목적을 보면 다음과 같다.
　① 주일학교 협회사업을 전국 각지에 고루 파견한다.
　② 주일날 종교 강연을 하는 친구들을 격려한다.
　③ 유익한 정보를 제공하고 각국 각지에 도덕 및 종교서적을 순환 보급하며 인구가 있는 곳이면 어디든 주일학교를 세우는데 최선을 다한다. Ibid., p.293.

카코에서 회의가 개최될 때까지 매 3년에 한 번씩 계속 개최되었었다. [96] 당시의 주일학교 운동의 주도적인 지도자는 죤 빈세트(John H. Vincent), 무디(D.L.Moody), 트럼블(H. C. Trumbull), 퍼어스(W. L. Pearce), 해밀(H. M. Hamill), 제이콥스(B.F. Jacobs), 헤인쯔(H. J. Heinz)등이 있었다.

그러나, 이무렵 미국 내에서는 새로운 기독교 교육의 운동이 일어나고 있었다. 그것은 부쉬넬(Horace Bushnell)이 1861년에 「기독교의 육성」이라는 책을 발행했는데, 그는 이 책에서 신앙부흥운동이 극도에 달하면 무책임이 나타날 것이라고 경고하고, 인간 이성에 입각한 과학적 합리성의 기준에 의하여 신앙교육을 해야 한다고 했다. 즉 어린이의 정상적인 발달과 그 발달의 법칙성을 따라 교육해야 한다는 점을 강조함으로써 현대 기독교 교육의 근거를 마련했다고 볼 수 있다.[97] 그 후 에리오트(Harrison Elliott)는 코오를 계승하여 진보적 종교교육을 최종적으로 강하게 변호하여 당시 선풍적으로 대두되기 시작한 신정통주의 (Neo-orthodoxy Theology)에 의해 혼들렸던 종교교육을 굳건히 세우려고 노력하였다.[98]

---

96) C.H.Beson, op. cit., pp.188-195

97) 호레이스 부쉬넬(Horace Bushnell)에 이어 코오(G.A.Coe)와 비틀러(nicholas Butler)는 종교 교육협회를 창설하여 그 운동의 학문적 체계를 수립하였다. 특히 Coe는 교육 목적의 실현과정을 전통, 사회, 특히 신의 분위기(atmosphere of God)에 적용하는 일이어야 하고 교육 내용은 공정한 정부, 빈곤없는 경제실시 확립, 하나님의 민주주의 이상을 향한 젊은이들의 삶의 자기 表現, 사회복지와, 환경보호, 형제애 구현을 근거로 하는 세계 공동체 등으로 보았다.
C.A.coe. A. Social theory of Religious Education charles Serilners Sons. 1921. p.55.

98) 김영규. op. cit., p.95.

7. 한국의 기독교 교육

1) 한국 주일학교 운동

영국에서 시작된 주일학교 운동이 미국으로 건너가 큰 발전을 보게 된 후 우리 나라에까지 들어오게 되었다. 우리 나라의 주일학교는 선교사들에 의해서 시작되었다. 이들은 먼저 인재 양성에 힘을 썼는데, 1885년 아펜셀러는 배재학당을 세웠고, 언더우드는 1885년 경신학교를, 스크랜톤 여사는 1886년 이화학당을 설립하여 복음의 터전을 세웠다.

1885년 황해도 송천 소래 장로교회가 세워지고 그 후 평양에 장대현 장로교회와 서울에 새문안 교회와 정동 감리교회가 세워졌다. 1888년 서울 정동 이화학당에서 어린이 12명과 부인 3명이 모여서 성경공부를 한 것이 우리 나라 최초의 주일학교 탄생의 기록이다. 그 후 1894년 1월 마펫(Moffet)선교사는 평양에서 22명의 학생으로 학습반을 조직하여 성경과 교리를 가르쳤다. 1897년에는 평양의 6개처에서 주일학교가 시작되어 전국적으로 이 운동은 확산되었다. 1905년에 이르러서야 주일학교 위원회가 선교사들로 중심이 되어 조직되었다. 주 의제는 교육을 주도하는 각 선교회의 선교사간의 친복과 주일학교 교육을 위한 교재로써 통일공과를 편집하는 것이었다. 1911년에 이르러 한국인도 위원이 되는 기회가 부여되었다. 그 후 주일학교 및 기독교 교육은 교회의 주된 선교사업으로 진행되어, 1994년 현재에는 한국교회에서 파송한 선교사가 1,500명이 넘는다.

2) 공과 편찬과 연합운동

초기에는 교재의 빈약성 때문에 어려움이 많았지만 1910 - 1912년에는 만주 주일통일공과를 발행하여 사용하였는데, 그 필자는 Dr. Moose. Rev. Pieters. Dr. Gaie이었다. 1913년 대한 예수교 장로회에서 계단공과(유년, 초등, 중등, 고등)를 편찬, 출판하였으나 곧 중단되고 말았다. 1919-1920년 어간에 '통일 성경 보통 공과'라는 책이 M.B. Stokes와 배유지(Eug-gn Bell)선교사의 집필로 나왔다. 주일학교 연합운동 역시 빠른 속도로 추진되었다. 1913년 H.J. Heinz 씨가 세계주일학교 연합회 실행 부장 자격으로 서울에 왔을 때, 집회 인원수가 14,000명 정도라고 했다. 그 후 1921년 조선 주일학교 연합회가 조직되어 전국 주일학교 대회를 개최하였다. 1925년 제2회 전국 주일학교 대회를 서울에서 개최하였는데, 이 때가 주일학교 발전의 전성기였다. 1928년 제10회 세계 주일학교 대회에 보고된 주교생이 선교 44년만에 266,000명이 되었다는 것은 세계선교역사에서 찾아볼 수 없는 운동이었다. 그러나 1938년 6월 21일에 일제의 간섭과 탄압으로 한국 주일학교 연합회는 해체되고 말았다.

그 후 각 교단별로 주교 교육 사업이 유지되고 있는 실정이다.

3) 해방후의 기독교 교육

1940년부터 6년간 거의 태평양 전쟁으로 인하여 선교사들이 귀국하였으므로 한국 교회는 많은 시련을 겪어야 했고, 일제의 강압으로 교회는 폐쇄되어 갔다. 따라서 주일학교 교육도 거의 침체되다시피 했다. 1945년 해방이 되자 교회는 불일듯 일어났고, 주일학교 운동이 활발하게 전개되었다. 그러던 중 한반도가 남북으로 갈라지는 비극을 맞게 되었다.

1947년 서울 종로에 있는 중앙 감리교회에서 주일학교 강습회를 개최했을 때 약 300명의 교사가 참석했다. 1948년 3월 23일 제2회 총회시에 조선 주일학교 연합회가 '대한 기독교 교육협회'로 개칭되었다. 그것은 세계적 상황 인식에서 비롯된 것이다.[99]

다시 한국 기독교는 6·25동란으로 어려움을 받았으나, 1952년 1월 10일 피난지인 부산 장로회 중앙교회 예배당에서 재출발하여 오늘에 이르고 있다. 그러나 '대한 기독교 교육협회'가 '주일학교 연합회'로 개칭하고 사업을 계속하여 왔으나 실제로 출판 사업만을 주로하고 있으며, 한국교회는 1959년 장로교회의 분열로 시작하여 통합·합동으로, 그리고 교리와 교권문제로 혹은 지역적인 문제로 교단은 수없이 분열되어 각 교단별로 기독교 교육사업과 주일학교 교육에 그 나름대로 힘쓰고 있다. 그리고 매년 각 교단별, 혹은 초교파적으로 주일학교 교사 강습회도 실시하여 기독교 교육은 더욱 체계화 되어가고 있다. 각 교단의 신학대학과 신학교에 기독교 교육학과가 거의 예외없이 속해 있는 것을 보면, 한국 교회가 분열된 아픔속에서나마 주님의 지상 명령인 '가르쳐 지키게 하라'는 (마28 : 20) 명령을 따르려는 모습으로 보인다.

---

99) 명칭의 변경 이유는 1974년 세계 주일 학교 대회가 세계 기독교 교육연합회로 변경되었으며, 이것은 기독교에 대한 이념이 주일학교에 국한되지 않고 좀 더 광범위한 내용을 가지고 있기 때문이었다.

제 3 장
기독교 교육의 과정

1. 기독교 교육과정의 의미

1) 어원적 의미

교회에서 교육과정이란 표현이 사용된 것은 1856년 미국의 노아웹스터사가 발간한 '미국 영어 사전(An American Dictionary of the English Language)'에서 이다[1] 그러나 여기서 이 말은 다만 '경주로(a race course)' 또는 '달리는 곳(a place for running)'이라고 풀이되어 있으며, 전기한 '미국 영어 사전'의 1928년 개정판에서는 좀 더 구체화되고 발전되어 교수 요목이란 의미로 풀이되었다.[2]

이러한 교육과정은 여러 가지 의미로 파악되어 왔으며, 여기에 대한 가장 일반화된 개념은 어원학적 접근(etymological approach)에서 얻어진 것으로서, 이는 교육과정의 원어인 라틴어 Curriculum의 의미에 대한 분석에서 비롯된 것이다. 본래 Curriculum이란 라틴어는 '경주(running)', '경주노정(race course)', 또는 '병거(Chariot)' 등의 의미를 가진 명사이다. Currere라는 Curricalum이 지닌 경주의 개념은 '달리다(to run)'를 의미하는 currere라는 동사에 의해 더욱 두드러진다.[3] 이러한 어원학적인 바탕 위에서 교육과정의 기본 개념이 형성되었던바 이리하여 경주의 코-스를 의미하는 Curriculum이라는 말이 교육에 사용되어 학생이 일정한 목표를 향해 달리는 과정이라는 뜻으로 사용되었다. 흔히 말하고 있는 Course of study란, 라틴어의 영역으로 본래 커리큐럼이라는 말과 같은

---

1) Alcorn. M.D & Linley. J. M.. 1950. Issue in Curriculun Development (New York : World Book co). p. 3.
2) 김태원. 1986. 교회교육과 커리큐럼. (서울 : 종로서적 출판사). p. 6.
3) 김용섭. 1987. 고신대학논문집 15집. (부산 : 고신대학 출판사). p.265.

의미로 사용되었다.4)

 그러나 커리큘럼이 '뛴다', '과정', '달리는 코스'만을 의미하는 것은 아니다. 뛰는 과정에서 반드시 내용이 수반되어야 한다. 학생이 학습하고 경험하는 내용이 필요한 것이다. 따라서 커리큘럼은 일정한 순서로 배열된 학습의 코스와 더불어 학습 내용이나 경험 내용을 의미하게 된 것이다.5)

 여기에서 유의할 점은

 ① 광범위한 생활 경험 중에서 교육목표를 달성하기 위하여 어떤 경험을 선택해서 학습시킬 것인가가 문제이다. 커리큘럼은 교육 내용으로 선택된 경험의 총체를 포함하기 때문이다.

 ② 일단 선택된 경험은 단편적인 것이 되거나 통일성 없는 것이 되어서는 안된다. 그것은 일정한 관점에 따른 종합된 조직의 구성이 필요하다.

 ③ 조직된 내용은 계통적이어야 하며, 일정한 순서에 따라 학생에게 제시되어야 한다.6)

 이와같은 교육과정은 경험의 선택, 경험의 조직, 그리고 경험의 배열의 절차를 밟게 됨으로 내용적으로는 선택되고 조직된 경험을 뜻하며, 형식적으로는 학습경험의 조직된 형과 학습하는 순서를 가리키게 된다.7)

---

4) 정정숙, 1980, 기독교 교육 과정론(서울 : 대한예수교장로회 출판부), p.13.
5) 상게서
6) 유태영, 김정규, 1982, 교육과정 및 학습지도, (서울 : 형설출판사), p.14.
7) C.A.Do Young, 1942, Introduction to American pulic Education (New York : The Mc Graw Hill Co.,),p. 464.

2) 교육과정의 의미

일반 교육학에서나 기독교 교육학에서 교육과정이 무엇이냐고 질문할 때, 그에 대한 명확한 개념을 정립하여 교육과정은 이것이다 하고 대답하기를 꺼려한다. 그 이유는 교육과정의 개념 정립이 쉽지않기 때문이고, 또는 어떤 주장을 내세운다 하더라도 이러한 주장의 내용이 사람마다 다르기 때문이다.

그러나 대체적으로 교육과정은 대단히 좁은 의미로나 혹은 대단히 넓은 의미로는 생각할 수 있다.[8]

교육과정에 대한 초기의 개념에 있어서는 '교실에 있어서의 지도(Instruction)를 위해 미리 마련된 교과들의 과정'이란 의미로 생각되었다. 이러한 좁은 관점에 있어서는 구획 분리된 교과 자료들(compartmentalized Subject matters)의 범주에 속하지 않는 학습자들의 다른 모든 활동이나 생활 경험들, 그리고 교사나 학교에 의하여 지도되고 영향받는 모든 활동이날 경험들은 교과과정에서 배제되었다.[9]

그러나 현대 교육에 있어서 교육과정의 개념은 아주 광범위하다. 우리는 다음 정의에서 현대 교육에 있어 교육과정이 얼마나 넓은 의미로 파악되고 있는지 알 수 있다. 쎄일러(J. G. Saylor)와 알레산더(W.M, Alexander)는 교육과정의 개념에 대해서 "교실에서나 운동장에서, 학습장 밖에서 나를 막론하고 학생들의 학습에 영향을 주기 위하여 학교가 기울인 모든 노력의 총화를 말한다."[10]고 하였으며, 번(H. W. Byrne)은

---

8) 정명화, 1982, 교회학교 교육과정이 인간성장에 미치는 영향에 관한 연구, (부천 : 서울신학대학원), p.6.
9) 김용섭, 전게서, p. 265.
10) J.G, Saylor & W.M. Alexander, 1954, curriculum Planning(New York : Rinehart),

"가장 넓은 의미에 있어서 교육과정은 생활 전반을 의미한다. 그러나 이러한 견해가 연구목적에는 너무나 실제적이 아니다. 이러한 견해 대신 교육과정은 교육이나 기독교 교육의 목적 성취를 위해 교회나 학교에 의해서 전개되고 **활용되는 모든 활동과 경험**을 포함하는 것으로 생각할 수 있다."11)고 말하고 있다.

이렇게 볼때 교육과정이란 학교가 학생에 대하여 선택된 교육내용을 준비하여 그들의 성장, 발달을 도와주며 학습에 의한 행동의 **변화**를 초래하는 자료로 삼는 것이라 할 수 있다.12) 다만 교육관에 따라 그 뜻이 일정하지 않았으며, 경우에 따라 일련의 교과체계라고 했으며, 또한 작업이나 **활동**을 포함한 생활경험이라고 정의한다.13)

3) 기독교 교육과정의 의미

기독교 교육의 교육과정은 인간과 세계에 있어서의 그의 위치에 관한 성경의 가르침에서 그 근거를 찾는다. 교육이 전인으로서의 인간을 문제로 하고 있는 것처럼 교육과정도 전인으로서의 인간을 근거로 한다.

사람은 전인으로서 살아가고 행동한다. 인간이 어떠한 활동을 할 때 여기에는 그의 모든 정신적(심리적 - Psychical), 구체적(물리적 Physical) 기능들이 작동된다. 그의 정서작용을 떠나서 지적 작용을 할 수 없다. 그의 신체 기관들은 그의 지

---

p. 5.

11) J. W.Boyrne, 1961, A Christian approach to education(Graud Rapids : Zondervan publ, (o), p.157

12) 함종수, 1985, 교육과정, (서울 : 숙명여대출판부), p.40.

13) H.R, douglass., The High School Currculum, (New Your : Teh Ronald press, Co), p.24.

적, 정서적 기능에 영향을 주지 않고는 독립해서 작용할 수 없고, 반대로 지적, 정서적 정신작용은 반드시 신체적 반응을 수반한다.

개인이 어떠한 사회문제에 연루될 때엔 도덕적 지각이 반드시 뒤따른다. 그리고 도덕적으로 동기지워진 행동은 흔히 영적 지각을 일깨운다. 모든 속성들(resouress)을 지닌 인간은 원형인 하나님의 형상을 따라 육체적으로, 정신적으로, 사회적으로, 도덕적으로, 영적으로 창조주의 탁월하심을 실현하도록 창조되었고, 하나님은 창조시에 인간에게 세상의 모든 피조물들을 다스리며 살아갈 수 있는 문화 창조와 문화 영위의 능력을 부여해 주셨던 것이다.

이것이야 말로 하나님께서 인간에게 특별히 부여하신 인간의 특권인 것이다. 인간은 자신을 둘러싼 환경을 지배하고 또 이에 영향받으면서, 하나님으로부터 부여받은 모든 잠재 자원들을 개발하고 또 개발되면서 스스로를 형성하는 동시에 하나의 인간으로 형성되어 간다. 교육은 능동적이든 피동적이든 인간형성을 본질적 과업으로 하는 인간기업인 것이다. 교육에 의해 인간은 하나의 전인으로 신체적, 정신적, 사회적, 도덕적, 영적으로 인간다운 인간이 되는 것이다.[14]

교육과정은 위에서 밝힌 모든 원리들을 고찰해서 계획되고 운용되지 않으면 안된다. 그러므로 교육과정은 인간의 속성자원들-지적, 정서적, 의지적, 신체적, 사회적, 도덕적, 영적-을 모두 포괄하지 않으면 안된다. 바꾸어 말하면, 전인으로서의 인간(생활, 경험의 총체)이야말로 교육과정을 결정하는 **본질적 요소**인 것이다.[15]

---

14) 김용섭, 상게서, p.268.
15) 상게서, p.269.

이렇게 볼때 기독교 교육의 교육과정 개념과 현대 세속교육의 그것과의 사이에는 근본적인 차이가 없어 보인다. 그러나 양자 사이에는 건널수 없는 심연이 가로 놓여 있음을 간과해서는 안된다. 그 근본적 차이는 모든 교육(과정)관의 토대가 되는 세계관, 인간관에서 찾아볼 수 있다. 비기독교적 교육과정은 자존성에 입각한 무신론적 인간관과 세계관에 바탕을 두고 있고, 이에 반해 기독교적 교육과정은 하나님의 형상대로 지음받은 인간존재에 대한 성경적 인간관에 근거를 두고 있다. 기독교 교육의 교육과정에 대한 논의의 출발점은 바로 하나님의 말씀이다.16) 기독교 교육과정은 그것이 교사의 지도하에서 그리고 학교 상황에서 이루어지는 모든 생활, 경험이라고 하는 넓은 의미로 파악되든, 혹은 교과주제(Subject matter)의 사실적 자료들(factual materials)이라고 하는 보다 좁은 의미로 파악되든 그 근본적 규범을 성경에서 찾는다. 하나님의 계시인 성경이 교육의 원리와 내용의 원천이요, 교육을 실질화하고 효율화한다. 기독자에게는 말씀 계시(Word-revelation)야 말로 모든 진리의 근원이요, 이 진리를 떠나서는 교육을 포함한 모든 인간기업은 그 고유한 생명력을 상실하게 되는 것이다. 그리하여 그 내용-교육과정-을 설계하고 구성함에 있어 성경을 토대로 하지 않는 교육은 참된 기독교 교육으로서의 근거를 잃는다. 모든 기독교 교육은 기독교적인 교육과정에 의해 실질화되지 않으면 안된다. 이는 기독교적 교수-학습의 내용은 현세적, 인간적 요소들 뿐 아니라 초월적, 초현세적 요소들(Transcendental and supera-temporal elements)도 포함해야 함을 의미한다.

기독교 교육과 그 교육과정의 고유한 특징은 그들이 후자에

---

16) 정정숙, 1980, 기독교 교육과정론, (서울 : 대한예수교총회 교육부)

더 의존해 있다는 사실에 있다. 이는 기독교 교육과정에 있어서 초자연적요소(divine element)라고 불리워지는 국면이다. 기독교 교육(교육과정)의 이러한 요소에는 성령의 임재와 역사, 하나님의 말씀의 능력, 중생된 인간자아의 학습역량(the Capacities of the regenerated self to learn)및 교사의 신앙적 인격의 영향 등이 포함된다.17) 이들이야 말로 기독교 교육과 그 교육과정의 고유한 특이성을 결정짓는 본질이요, 핵심요소인 것이다. 이러한 본질적 요소들을 바탕으로, 그리고 이들과 협조 조정하면서(인간기업인) 기독교 교육은 미완성된 아동을 성숙한 인격으로 양육하는 고유한 과업의 성취를 추구한다.

모든 교육은 결국, 미성숙한 아동에게 성숙한 인격의 이상형을 실현시키는 것을 목적으로 하고 있다. 기독교 교육의 목적도 이와 동일한다. 그런데 기독교 교육이 추구하는 성숙한 인격의 이상적 상은 바로 '그리스도를 닮은 인격(Christlike personality)'인 것이다. 모든 교육과 교육과정의 궁극적 목적이 아동으로 하여금 온전한 사람(perfect person)이 되게 하여야 하는 것이라면, 이러한 온전한 인격은 오로지 그리스도에게서만 실현되는 것으로, 그리스도를 닮은 인격의 실현이야말로 기독교 교육을 포함한 모든 교육의 궁극적 목적이어야 한다.18)

이러한 궁극적 목적을 성취하기 위해 모든 교수-학습의 과정은 양육(교육)에 대한 성경적 개념에 입각해서 계획, 조직되고, 운용되어야 한다. 이러한 관점에서 볼 때 기독교 교육과정은 성경적 인간육성 원리를 기본 규범으로 하지 않으면 안된다.

---

17) Byrne, H.W.A Christian Approasch to Education. miohigan : mott Media milford. 1979. pp.162~163
18) 김용섭, 전게서., p.269

성경적 이상에 바탕을 둔 이러한 교육과정 원리에 함축된 의미는 명백하다. 그리스도를 닮은 인격을 아동학생의 생에 실현시키는 일은 분명히 기독교 교육과 교육자의 본질적 과제이다. 교육이 취해야할 이러한 과제야말로 기독교 교육과정의 참 과제인 것이다.[19]

2. 기독교 교육과정의 성격

일반 교육에서 말하는 교육과정의 개념이나 기독교 교육에서 말하는 교육과정의 대략적인 틀은 같다. 그러나 기독교 교육과정은 그 성격에 있어서 독특한 의미를 지니고 있다.

기독교 교육의 목적은 모든 사람이 하나님의 아들 예수 그리스도 안에 계시된 그의 구속적 사랑을 깨닫고 그 안에서 성장하게 하며, 그들이 신앙과 사랑으로 응답함으로써 마침내는 자신이 누구인지 그리고 인간 정황이 무엇을 의미하는지를 깨달으며, 그들 자신들이 하나님의 자녀요 기독교 공동체의 일원임을 점차 더 인식하고, 모든 관습 속에서 하나님 영의 임재를 체험하며, 이 사회에서 제자직을 수행하는 기독교적 희망 안에 거하게 되도록 사람들을 돕는 행위를 말한다.[20]

그러므로 교회학교 교육과정의 중심은 어떠한 측면에서 고찰되든지 결국은 그리스도 중심이어야 하며, 하나님의 말씀인 성경이 그 원리가 되어야 한다.[21]

사람들로 하여금 하나님의 임재하심 가운데로 인도하고 신

---

19) Byrne, op. cit., p.164. 참조
20) 감리교신학대학 한국선교교육원편, 1978, 교회교육 핸드북, (서울 : 대한기독교 출판사), pp.148-149.
21) 정정숙, 전게서, p.18.

앙과 사랑과 이해로 하나님께 응답하도록 격려하는 것이 기독교 교육의 교육과정의 목적이다.[22]

이렇게 볼 때 기독교 교육의 교육과정은 예배, 성경공부, 전도, 성도의 교제, 그리고 봉사의 요소들이 모두 포함되어야 한다[23]

위크프(D.Campbell, wyckoff) 교수는 효과적인 기독교 교육을 위한 교육과정에 필요한 여덟가지의 실제적 필요조건들을 다음과 같이 제시하였다.

① 기독교 교육은 기독교적 교수와 학습에 대한 분명한 이유를 요구한다.

② 기독교 교육은 교회를 필요로 한다. 왜냐하면 교육의 목적과 의미를 담고 있는 공동체를 떠난 교육과정이란 효과적일 수 없기 때문이다.

③ 기독교 교육은 기독교적 가정을 요구한다. 기독교적 양육이 여기에서 영향을 받기 때문이다.

④ 기독교 교육은 교회학교를 필요로 한다. 여기에서 기독교적 연구와 사귐과 예배가 이루어지기 때문이다.

⑤ 기독교 교육은 건전한 교재를 요구한다. 신학적으로 정확하고, 성서적이며, 심리현상이 참작되고, 선교의식이 내포된 것이어야 한다.

⑥ 기독교 교육은 공동체에 대한 관심이 필요하다. 이 관심은 교회 각 기관들의 조직과 사귐과 선교에서 나타난다.

⑦ 기독교 교육은 시설을 요구한다. 건물과 교육기재들이 있어야 한다.

⑧ 기독교 교육은 훌륭한 교육 행정자가 요구된다. 적어도

---

22) 정정숙, 전게서, p.18.
23) H.W.Byrne, op. cit., pp.151-152.

책임있는 교사, 교육위원회, 각 부 부장들과 직원들이 있어야 한다.[24]

그러나 이와같은 교육과정의 모든 요소들이 성령의 역사에 의하여 이루어지지 아니하면 참된 기독교 교육과정이라 할 수 없으며,[25] 결국 기독교 교육과정은 기독교 교육의 목적을 성취하도록 여러 가지 형태의 학습 경험을 마련하기 위한 넓은 범위의 계획으로 그 독특한 성격을 결론지을 수 있을 것이다.

3. 기독교 교육과정의 유형

제롬 브루너(J. Brunner)는 그의 저서에서 '교육에는 지식의 구조와(Structure of discipline) 학습과정(Learning process)'이라는 엄연한 두 요소가 있음을 강조하고 있다. 그런데 '그 구조와 과정은 함수속에 있으며, 더우기 올바른 구조 이해는 학습과정을 보다 효과적으로 유도하고 자극한다.'[26]고 하였다.

기독교 교육과정의 유형은 일반적으로 교과중심의 이 교육과정과 경험중심 교육과정으로 분류하는데 과정을 외면한 채 교육의 강조점이 구조에만 주어질 경우 그 교육은 주입식 또는 내용중심의 교육이 되며, 반대로 구조가 외면된채 과정만 강조하게 될 경우 경험 중심의 교육이 되어진다. 이러한 교육과정의 양극화 현상으로 기독교 교육과정에 있어서도 '성서'중심의 교육(교과 중심의 교육과정)은 통일공과의 형태로 나타

---

24) Decampbell Wyckoff. 1961. Theory and Desian of Christion Education Currculm(Philadelphia : The Westwinster press) pp.25-27.
25) J.에드워드 해익스. 1981. 기독교교육 개론. 정정숙역. (서울 : 성광문화사) pp.104-105.
26) J.Brunner. 1963. The process of Education.(Vintage Books New York). p.8.

낮으며, '경험'중심의 교육(경험 중심의 교육과정)은 계단공과
의 형태로 출현하게 되었다.[27]

가. (일반) 교육과정의 유형

1) 교과중심의 교육과정

교과란 교수목적을 위해서 인류 문화유산을 체계적으로 조
직해 놓은 조직체라고 할 수 있다. 오랜 인류 역사가 쌓아 올
린 그 많은 양의 문화유산 가운데서, 학습자들이 일정한 기간
동안에 학습할 수 있도록 학습자가 꼭 알아두어야 할 부분만
을 추출하여 그것을 논리적으로 쉬운 것에서 어려운 것으로
조직한 것이 교과이다.[28]

교과중심 교육과정의 기본적인 견해는 다음과 같다.

① 교육이란 문화유산을 전달하는 것이라고 믿는다.

② 형식 도야설을 믿는다.

③ 교과의 단계적인 난이도를 믿는다.

④ 각 교과는 그 자체의 이론을 가진다고 믿는다.

⑤ 지적인 인간형성을 교육의 이상으로 믿는다.[29]

교과형 교육과정에는 분과형, 상관형, 융합형, 광역형의 네
종류가 있다. 교과형 교육과정의 전통적인 유형은 분과형이고
그 이외의 것은 모두 교과형 교육과정의 변형들이다.[30]

교과중심 교육과정에서 가장 중요한 문제는 교육목표를 달

---

27) 은준관, 1976, 교육신학, (서울 : 대한기독교서회), p.13.

28) 유태영, 김정규 '교육과정 및 학습지도' 형설출판사 1982. p.22.

29) 이경섭, 1973, 현대교육과정론, (서울 : 형설출판사), pp.40-42.

30) 상게서, pp.43-47 참조

성하기 위해서 어떤 교과목을 제공할 것인가 하는 것과 교과목 속에 어떤 지식내용을 포함하도록 할 것인가를 결정하는 것이다. 그래서 교과형의 교육과정을 구성, 운영하는 교육가, 교사들의 주된 일은 이미 교육과정 속에 포함된 교과목이나 또는 포함될지 모르는 여러 교과목들의 가치나 특색을 항상 평가해 보는 것이다.[31]

교과중심 교육과정의 특징은 첫째로, 수업의 계획성을 들 수 있다. 즉, 수업을 하기 전에 어떤 내용을 누가, 언제, 누구에게 어떤 방법으로 가르치느냐를 면밀하게 계획한다. 둘째, 교과중심 교육과정은 교사 주도형으로 학습자 개인의 의견이나 문제 또는 욕구 등으로 수업을 변경시킬 수 없다. 세째로, 일률적인 교재에 의하여 그 교재가 규정하는 영역안에서 그 내용을 다루고 학습활동이 전개된다.[32]

교과중심의 교육과정이 여러 가지 장점을 가짐에도 불구하고 여러가지 단점을 또한 갖는다. 우선적으로 학생들의 흥미나 능력, 필요가 전적으로 무시된다는 점을 들 수 있는데, 인간의 성장에 의해서 우선되어야 할 경험이 지식 체계인 교과에 의해 소외당하기 때문에 심리적으로 불건전하며, 이 때문에 중시되어야 할 학습동기는 거의 무시된다. 또한 교과 중심 교육과정은 단편적일 수 밖에 없으며, 논리적으로 조직된 교과가 사회 문제를 등한시하게 되는 비실용적 교육과정으로 될 위험성이 내포되어 있다는 점이다.[33]

이 형태의 기독교 교육과정으로는 요리문답서(Catechism)와 성구 발췌교안(Selected Scripture Lessons)이 있다.[34] 특

---

31) 한국 통신교육연구회편, 1979, 교육과정, 현직교육총서 5권(서울 : 문종서관) p.174.
32) 유태영, 전게서, p.25.
33) 강신웅, 왕기항 공저, 1970, 교육과정, (서울 : 교육출판사), pp.159-162.

별히 성서만이 유일한 교재이며, 이 성서의 내용을 인간에게
주입하는 것만이 기독교 교육의 최고 임무라고 생각하던 성서
중심의 교육과정에서 교과중심의 기독교 교육과정의 원형을
찾을 수 있다.[35]

2) 경험중심의 교육과정

경험중심 교육과정은 전통적인 교과중심의 교육과정을 배
격하고 학습자의 흥미, 활동, 경험을 중심으로 구성되는 교육
과정으로서[36] '아동중심 교육과정', '활동중심 교육과정', 또는
'생활중심 교육과정' 등으로 표현되기도 한다. 이 사상은 플라
톤(Plato)과 루소(Rousseau)를 거쳐 제창되어 오다가 20세기
에 들어와서 듀이(Dewey)에 의하여 실시를 본 것으로, 학생
들의 흥미와 욕구, 그리고 능력에 직접적 관심을 갖고 호소하
는 과정인 것이다.[37]

이 교육과정은 1896년 존 듀이(John Dewey)에 의해 설립
된 시카고 대학의 실험학교(The Laboratory School)에서 최
초로 실시한 교육과정으로서[38] 당시 8년간 이에 대한 실험이
계속되었으며, 그의 저서 「학교와 사회」(School and Society,
1899)는 최초 수년간의 실험성과와 장래의 포부를 쓴 것이고,
「민주주의와 교육」(Democracy and Education, 1916)은 이
실험에서 출발한 그의 교육이론을 총결산한 것이다.[39]

경험은 듀이의 교육사상의 핵심을 이루고 있다. 그의 견해

---

34) 정정숙, 전게서, pp.53-63.
35) 김태원, 전게서, pp.53-63.
36) 김상원, 1982, 교육과정과 교수-학습론. (서울 : 학문사), p.62.
37) 김태원, 전게서, p.56.
38) 김상원, op. cit., p.62.
39) 한국통신교육연구회, 전게서, p.192.

에 의하면 ① 경험이 성립하려면 능동적 요소인 주체자와 피동적인 환경의 상호작용이 있어야 한다. 듀이는 「민주주의와 교육」에서 말하기를 "경험의 본질을 이해한다면 먼저 경험속에 능동적인 요소와 피동적인 요소가 특이하게 결합되어 있다는 사실을 알아야 한다… 이 두 요소의 결합 여부가 경험의 성과 혹은 가치를 결정하는 것이다"[40]라고 말하였다.

② 경험이 성립하려면 어떤 결과가 나타날 때까지 활동이 계속되어야 하며, 그 활동과 변화된 결과가 연결되어야 한다. 듀이는 "경험은 단순한 활동으로 성립되는 것이 아니다. 단순한 활동은 산만하고 원심적이며 낭비적이다. 실험의 의도로서 경험은 변동을 일으킨다. 이러한 변동이 의미있게 연결되지 못하면 이 변동은 무의미한 변동에 불과하다. 그러나 활동이 계속하여 그 결과가 나타날 때까지 연장이 되고, 활동으로 말미암아 생긴 외계의 변화가 반영되어 우리 속에서 변동을 일으킬 때 이 유동은 의미가 있게 된다. 이렇게 하여 우리는 무엇을 배우는 것이다."[41]라고 하였다.

③ 일단 형성된 경험은 부단히 재구성되어 간다. 언제나 학습자는 새로운 경험에 직면하게 되고, 그는 그 새로운 경험을 그의 과거 경험의 창고 속에 넣는다. 그 가운데 들어있는 문제들을 충분히 해결하기 위해서 과거 경험을 재구성해서 변화된 환경에 적응해야 한다. 이런 경험의 재구성은 성장을 낳는다.[42]

그러므로 경험을 기초로 하고 있는 경험중심 교육과정에서는 교과보다는 생활을, 지식보다는 행동을, 분과보다는 종합

---

40) John Dewey, 1916, Democracy and Education(New York : The Macmillin Co), p.163.
41) Ibid., p.163.
42) G.A.Bea chomp, 1956, Planing the Elementary School Curriculum(Boston), p.21.

을, 미래 준비보다는 현재 생활을, 교사의 교수보다는 학습자의 육성을 중시하는 입장에서 교육을 보고 있다.[43]

이러한 경험중심주의의 교육과정은 여러 가지 긍정적 측면과 함께 문제점도 지니고 있는데, 이 문제점에 대하여 알버티(Alberty)는 잘 지적해 주고 있다. 그는 첫째 교사들이 사전 준비를 충분히 할 시간이 없고, 둘째 학부형이나 사회가 교과 중심에서 경험중심의 활동으로 바뀌는 것을 받아들일 용의가 없으며, 세째 현재 학습 장소의 시설에 문제가 있고, 네째 체계라는 것이 허물어지고 형식적, 피상적 활동만이 이루어질 위험성이 따른다는 점으로 문제점을 요약하고 있다.[44]

기독교 교육에 있어서도 경험중심의 교육과정의 관심은 마찬가지로 증대되었다. 성서만이 유일한 교재라고 주장하던 성서중심의 교육과정의 제한성을 극복하고자 성서발췌 교안에 의존하던 교육과정에서 1872년에 통일공과 제도가 형성되어 교수 방법의 통일을 이루었으며, 학생중심으로서 학습자와 객관적인 세계와의 전체적인 상호작용에서 일이난 학습자의 경험에 바탕을 둔 '국제 종교 교육과정'이 국제종교 협의회에 의하여 만들어졌다.[45]

이상에서 서술한 교과 중심교육과정과 경험중심 교육과정은 여러 가지 형태로 함께 어우러져서 구체적 형태의 교육과정들을 만들어 내었다. 이렇게 해서 만들어진 기독교 교육과정의 유형들은 다양하게 존재한다.

3) 기독교 교육과정의 유형

43) 한국 통신교육 연구회, 전게서, p.199.
44) H.Alberty, 1953, Reorganizing the High School Curriculum(New York : The Macmillan Co), pp.69-84.
45) D.Campbell Wyckoff, op. cit., p.35.

오늘날 세계적으로 널리 사용되고 있는 교육과정을 분류하면 다음과 같다.[46]

① 요리문답서(Catechism)

이것은 교회와 가정교육의 중심내용으로 장기간 교육되어 왔지만 너무 아동들에게 어려운 것이어서 후에 사용되지 않는 경향이 있다. 그러나 요리문답서는 미국 정통 장로교회 중고등부용 교재로 여전히 사용되고 있으며, 계절학교 교육과정으로 사용하는 보수교파도 적지 않은 것 같다.[47]

요리문답서의 대표적인 것으로는 루터의 교리문답, 하이델베르그 요리문답, 웨스트 민트터 요리문답 등이 있다.[48]

② 성구발췌교안(Selected Scripture Lesson)

성구발췌교안은 성경에서 어떤 구절들을 발췌하여 성경교과의 한 과정으로 삼았는데, 이 교안은 10-12세의 어린이에게 800절-1,003절까지 암기시켰으며, 어떤 경우에는 7세되는 어린이에게 8개월간 1,003절을 암기시킬 정도로 성경요절 암기에 노력을 집중하였다.[49] 이 교안은 성경을 그대로 암송하는 장점은 있으나 체계적이거나 통일성이 없었고 또 학습자들에게 흥미를 끌지 못하였다.[50]

③ 통일교안(Uniform Lesson)

1866년 빈센트(Vincent)가 주일학교 잡지에다 예수전을 써서 사용하기 시작한 이래 1872년에 완전히 통일공과로 출판하

---

46) 정정숙, 전게서, pp.51-52.
47) 김득룡, 1976, 기독교 교육원론(서울 : 총신대학 출판부), p.334.
48) 정정숙, 전게서, pp.53-63.
49) C.H.Bensonm 1943, A popular History of Christian Education,(Chicagoimoody press), pp.174-176.
50) 정정숙, 전게서, p.63.

게 된 것이다.51) 이 교육과정은 많은 교회와 교파의 인기를 모으게 되었고, 1871년에는 26개 기독교 출판사 대표들이 1872년의 통일공과 편찬을 위하여 협력하였다.52)

이 통일공과는 6년간 성경 전부를 배울 수 있도록 편찬하고, 1년을 4학기로 나누어 신약과 구약을 교대로 공부하도록 만들었다. 이 공과의 내용은 성경적이고 조직적이며 여러 연령층에 적용할 수 있다는 장점이 있으나, 공과의 내용이 균일하므로 학습자의 연령과 능력과 경험차를 고려하지 않은 단점을 가지고 있었기 때문에53) 자연적으로 계단교안의 필요성을 더욱 크게 느끼게 된 것이다.

④ 계단교안(Graded Lesson Serres)

통일교안은 장점도 있었지만 단점도 적지 아니하며 어떻게 하면 피교육자들의 모든 연령에 맞는 교안을 만들 수 있을까 하는 의도에서 1985년에 아동을 위한 교안이 만들어졌다. 그 이후 미비한 점이 발견되어 각 부에 알맞고 각 연령에 해당될 교안이 심히 요구됨으로 부별 계단교안(Group Graded Lesson)과 학년별 계단교안(Coursely graded lesson)이 편찬, 출간되었다.54)

이러한 계단교안은 다음과 같은 교육적 원리에 근거하였다.

● 성서를 각 연령층의 생활환경에 관련해서 사용한다.

● 각 연령층의 흥미와 경험을 고려해서 계속성, 균형 그리고 이해력을 이룩하고 긴급한 필요와 계절적인 강조점을 삽입했다.

---

51) 반피득, 1983, 기독교교육, (서울 : 대한기독교 출판사), p.165.
52) 상게서
53) 정정숙, 전게서, op. cit., p.65.
54) 김득룡, 전게서, op. cit., p.336.

● 각 연령층과 함께 전체적인 교육과정을 만듦으로서 학과의 완전성을 꾀하였다.55)

4. 기독교 교육과정의 역사

1) 구약시대의 교육과정

① 에덴동산의 교육과정

기독교 교육이 확립된 것은 최근이라고 말은 하고 있지만, 사실에 있어서는 하나님께서 인류를 창조하신 직후부터 시작된 것을 성경의 역사를 통하여 잘 알 수 있다.56) 첫사람 아담으로 하여금 천재적 지식을 가지게 하였고, 아담은 그 지식을 활용하여 짐승들의 이름을 지었을 것이다.57) 아담이 하나님으로부터 받은 교육은 원교육이라고 할 수 있다.58) 교육의 장소는 에덴동산이었고, 교사는 하나님이며, 학생은 아담과 하와였고, 교육내용(교육과정)은 하나님의 말씀이었다.

에덴의 교육은 이상형이라고 할 수 있다. 이것은 무죄상태에서의 교육으로서 하나님과 인간의 직접적인 교제에서 이루어진 교육활동이었다.

무죄상태에 있어서의 교육은 인간 교육의 원형으로서 교육자이신 하나님과 피교육자인 인간이 인격적으로 만나서 교류함을 통하여 교육활동이 전개되었다. 이 교육활동은 궁극적으

---

55) D.Campbell Wyckoff, op. cit., p.33.
56) C.B.Eavery, 1965, History of Christian Education (Moody press, chiage) p.19
　　(창1 : 27-30)
57) Ibid, (창세기 2 : 20)
58) 정정숙, 전게서, p.24.

로 하나님을 **영화롭**게 하며, 영원토록 그를 즐거워 하는 인간의 '원형적 교육'이다.[59]

② 구약시대의 교육 과정

하나님의 선민인 이스라엘 백성은 그들의 종교를 발전시키는 수단으로써 교육을 매우 중요시 하였다.[60]

바벨론 포로 이전까지는 정식 학교가 없었고 가정이 그들의 교육장소가 되었다. 그들이 교육받은 사실을 고찰하면 하나님께서 직접 말씀하신 그 말씀에 따라 생활하게 된 것을 보아, 하나님의 말씀 자체가 중요한 교육과정이며 교육내용이었다.[61]

또한 제사의식을 통하여서 자녀들에게 하나님을 공경하는 법을 가르치기도 하였다.[62] 그리고 모세의 율법은 이스라엘 백성들을 가르치는 유일한 교육과정이었다. 이 율법은 하나님께서 이스라엘 백성의 가정을 통하여 부모가 책임을 지고 가르치게 하였고, 제사장들도 이 모세의 율법과 율례를 가르치는 중대한 책임을 지고 있었다.[63]

때에 따라서는 지혜있는 사람을 통하여 가르치기도 하고 선지자들을 통하여 하나님의 계시의 말씀으로 율법을 지킬 것을 훈계하기도 하셨다.[64]

이와같은 구약시대의 교육은 바벨론 포로 이전과 이후로 크게 양분[65] 할 수 있는데, 바벨론 포로 이전의 교육에는 첫째로

---

59) 전게서, p.24.
60) 반피득, 전게서, p.12.
61) C.B.Eavey, op. cit., pp.19-36.
62) Ibid, pp.48-49, (출 12 : 25-27, 레 23 : 33-34)
63) Ibid, pp.54-56.
64) Ibid, pp.59-62, (삼상 19 : 19, 20, 왕하 2 : 3-5, 4 : 38, 6 : 1, 렘 18 : 18)
65) J.M.Price & Other, 1959, A survey of Religious Education (New York : The Donald presss(o), 제9장.

가정에서 부모에 의하여 실시되어 온 율법교육과 생활교육이 있어 아버지에 의하여 엄격히 실시 되었으며, 둘째로 제사장이나 예언자, 선지자 등 지도자에 의하여 이루어지는 장년교육이 있었고, 세째로 엘리야와 사무엘이 세운 예언자학교[66]의 교육이 있다.

바벨론 포로 이후에는 종교 교육을 강조하였으며, 교육기관으로서는 '랍비(Rabbi)'라 부르는 유대교사와 '베스하세퍼'(Beth Hasepher)라는 유대학교, 그리고 회당이 있었으며[67] 교육내용은 성경(율법)이었다.

2) 신약시대의 교육과정

① 예수님시대 교육과정

예수님시대의 교육은 예수님께서 위대한 교사로서 교육의 모범을 보이셨다. 이 시기의 교육과정은 예수 그리스도의 설교, 교훈, 대화, 논쟁, 비유 등으로 구성되어 있다.[68] 예수님의 교육방법은 독특한 것으로서 하나님의 권위로 교육하였으며, 실천적 생활의 모범을 통하여 교육의 이상인 에덴동산의 무죄상태의 교육을 완성시켰으며, 위대한 교사로서의 참 방법을 가르쳤다.[69]

신약시대의 교육은 '선포(Kerygma)'와 '교육(didache)'으로 분류할 수 있다. 그 당시는 구도자와 개종자들을 위하여서 선포와 교육이라는 방법을 택하였다.[70]

---

66) 왕하3장 15절
67) 정정숙, 전게서, p.25.
68) 김득룡, 전게서 p.329.
69) Clifford, A. Wilson, 1974, Jesus the Master Teacher(Grand Rapids : Baker Book House), pp.26-28.

예수님이 승천하신 때부터 기원 4세기까지의 기독교는 로마의 압제하에서 많은 핍박을 당하였다. 이때 기독교는 지하 운동으로 전환되었으며, 복음 전도운동도 교육적 활동을 수반하게 되었다.

교인들의 신앙을 훈련시키기 위하여 여러 가지 노력을 하게 되었다.[71]

② 사도시대의 교육과정

이 시대는 이방종교와 철학에 많은 영향을 받게 된 이후, 기독교의 진리인 성경권위를 견지하는 결과와 이방철학과 문학에 친근하는 결과를 초래하게 되었다. 그래서 기독교 교육의 내용도 자연적으로 회랍의 철학과 문학을 성경과 기독교 교리와 겸하여 배우게 되어 있었다.[72]

이런 내용을 연구하고자 한 사람들은 클레멘트(Terfullian) 오리겐(Origen), 그레고리(Gregory), 더툴리안(Tertullian) 등이었다. 그러나 제롬(Jerome)은 과도하게 이방철학과 문학에 치우는 것을 경고하였다. 특히 이 시대에도 초대교회에서와 같이 구도자들과 개종자들을 위하여 만들어진 문답서가 사용되고 있었다.[73]

3) 중세의 교육과정

① 중세시대의 교육과정

---

70) C.B.Eavey, op. cit., pp.75-90.
71) L.J.Sherill, 1974, The rise of christian Education (New York : The Macmillian Co) 제6-9장 참조.
72) C.B.Eavey, op. cit., pp.90-92.
73) Ibid, pp.90-98.

중세기에 이르러서는 서구 국가가 기독교를 국교로 삼았던 까닭에 어린이가 출생하게 되면 곧 유아 세례를 배풀었고, 또한 영주의 명에 따라 집단적으로 개종한 연고로 초대교회에서 성행되었던 구도자 교육이 별로 필요없게 되었다.

따라서 초대교회에서 사용되었던 구도자를 위한 문답서는 별로 사용되지 않았으며, 교회는 예배를 드리는 경건한 분위기를 만드는데 전력을 기울였다.[74]

교회가 예배중심으로 변화됨에 따라 교회안에서의 교육은 소홀하게 되었다.

그러나 교회내의 교육외에 교회의 지도자들을 양성하기 위한 학교와 대학이 설립되어, 조직적인 교육과 훈련이 실시되고 있었으며 여기에 따라 수도원과 대학에 알맞은 교육과정이 마련되고 있었다.[75]

② 종교개혁시대의 교육과정

교회내 교육이 교육과정에 큰 변화를 일으키게 된 것은 루터(Luther)와 칼빈(Calvin)이 주동이 된 종교개혁 때문이다.[76] 두 개혁자가 중세기 교회(카톨릭교회)와 다른 교회 생활 전체를 교육적으로 발견한 이래, 중세기의 의식이 중심이었던 예배를 하나님의 말씀인 성경이 중심되는 복음적 예배로 바꾸어 놓음과 동시에, 신자 개개인들이 모두 다 성경을 읽을 수 있도록 하였다. 뿐만 아니라 사도신경, 십계명, 주기도문 등의 내용을 문답제로 정리, 요약하여 설명한 요리문답서를 만들어 가정, 교회, 학교에 사용케 하여 구도자 및 교인들의 자녀들에게

---

74) C.H.Benson, 1943, Apopular History of Chrisitian Education, (Chicago : Moody press), pp.48-50.

75) 김득룡, 전게서, pp.329-330.

76) 상게서, p.330.

신앙을 잘 훈련시키게 하였다.[77]

그 이후 프로테스탄트 교회에서는 자기 파의 교리문답서를 만들어 기독교 교육에 널리 사용하였다. 이 문답서의 가장 대표적인 것들은 다음과 같다.

ㄱ) 루터의 대·소 요리문답(Lutheran Catechism)

ㄴ) 앵그리칸 요리문답

ㄷ) 하이델베르그 요리문답

ㄹ) 웨스트민스터 요리문답 등[78]

4) 현대의 교육과정

근대의 기독교 교육은 르네상스와 종교개혁의 영향을 받았고 여기에서 새로운 형태의 교육운동이 일어났다.

르네상스와 종교개혁의 영향으로 교육에도 새 변화가 오게 되었는데, 종교 개혁 이후에는 많은 교파들이 생기게 되었고 그 결과로 교파의 특이성을 내세우는 교육이 성행하게 되었다.[79]

교회의 성장을 위하여 교육을 철저히 하는 교회의 교육 운동이 전개되었다. 그러므로 여기에 따른 교육과정의 변화도 있게 되었다.

① 요리문답기

1790년 주일학교가 처음 시작되자 교육과정에도 많은 변화가 있었다. 주일마다 예배를 드린 후 3-4시간씩 성경과 일반학과를 가르쳤으나 주일에 세상 학문을 가르친다는 비난을 받았

---

77) C.B.Eavey, op. cit., pp.101-119.
78) Ibid, pp.123-157.
79) Ibid, p.42.

으며, 이러한 반대로 인하여 그 이후 주일 학교에서는 성경과 요리문답만 가르치게 되었다.

그래서 주일학교 교육내용인 교육과정으로 성경과 요리문답이 중심이 된 1790년에서 1815년까지를 요리문답기라 부르게 되었다.[80]

② 통일공과기(Uniform Lesson)

1830년부터 1850년까지 여러 교파에서 학과에 대한 많은 출판물을 만들어 내어 교육과정의 혼란을 격심하게 하였다. 이를 극복하고 통일성 있는 공과 편찬의 필요성이 대두되다가 1872년에 빈센트(Vincent)에 의하여 만국통일공과가 출판케 되었다.[81] 그후 1914년 국제 공과위원회가 조직되어 새로이 공과를 개정하기 이르렀다.

그래서 이 시기를 통일공과기라 할 수 있다.[82]

③ 계단공과기

그러나 통일공과로 만족하지 못하여 1893년 루터교파에서 처음으로 계단공과를 펴냈으나, 이로 만족하지 못하여 1925년 성경을 중심한 완전한 계단공과가 마련되었는데 여기에서는 생활중심과 경험중심의 교육과정 원리가 충분히 고려되어 있다.[83]

이상에서 간단하게나마 구약시대에서 현대에 이르기까지 교육과정의 변천사를 살펴보았다. 교육과정은 매시대의 시대적 요청에 따라, 기독교 교육의 목적에 따라 끊임없이 변화되어 왔음을 알 수 있었다. 시대적 요청에 기독교 교육이 부응해

---

80) Ibid, pp.216-257.
81) 정정숙, 전게서, p.44.
82) C.H.Benson, op. cit., p.211.
83) C.B.Eavey. op. cit., pp.273-301.

야 한다는 것을 전제한다면 오늘날과 같이 개인주의, 금력 만능주의, 비인간화 등 수많은 문제를 안고 있는 현대적 상황에서 기독교 교육은 여기에 대하여 분명히 응답해야 할 것이고, 교육과정은 기독교 교육과정 목적에 부합되도록 변화, 발전되어야 할 것이다.

제 4 장

기독교 교육과 예배

1. 예배의 원리[1]

예배와 기독교 교육 특히 교회학교 교육과의 관계는 거의 절대적이다. [예배만큼 교회학교의 본질이 학교이기 보다는 교회임을 잘 나타내는 것은 다시 없을 것이다] 교회학교의 **활동** 전체는 교회의 교육적 사업의 자각을 기초해서 행해진다. 따라서 교회학교에서 행해지는 모든 활동은 교육적이고 동시에 교회적이라야 함은 더할 나위없다. 그러나 그것이 아무리 결과적으로 교육적인 효과를 지닌다고 하더라도, 예배는 어디까지나 예배로서의 본질을 무엇보다 우선적으로 생각해야 한다. 이런 의미에서 교회학교 각 부의 예배도 성인들의 예배와 같은 원리에 기초해서 행해진다. 예배 공동체인 교회는 교회 학교까지 그 품에 품는다. 따라서 교회 학교는 교육의 공동체인 동시에 예배의 공동체이기도 하다. 이런 뜻에서 교회학교를 예배학교라 불러도 과히 어긋나지 않는다고 생각한다. 이를 바꾸어 표현하면 교회학교의 모든 활동이 예배의 정신에서 행해져야 하며, 또한 교회학교의 예배는 단순한 예배행위가 아니라 교육으로서의 예배가 된다는 것이다.

예배는 그리스도인의 생활에 핵심적인 부분이다. 어린이들이나 학생들에게 있어서도 예배활동은 생활의 중심이 되어야 한다. 예배를 통해서 예배자들은 하나님의 실재와 만나고 그 앞에 감사하고 자기를 반성하고 또 결단하기 때문이다. 그런데 요즘 우리는 흔히 어린이들과 청소년들의 예배에 대한 관심이 흐려져 간다는 말을 듣는다.

특히 청소년들이 예배에 대한 관심을 잃고 예배에 참여하는 참여도가 낮아지는 것은 무엇 때문인가? 이유는 단순치 않을

---

1) 정웅섭 '기독교교육개설(기독교육핵심)' 1992. pp.349-352

것이다. 여러 가지 원인이 있다. 그러나 가장 중요한 이유는 한마디로 표현될 수 있다고 본다. 예배에 대한 의미를 발견할 수 없거나 혹은 의미를 상실했기 때문이다. 그렇다면 어떻게 그 의미를 다시 찾을 것인가?

예배의 기본적인 원리라는 면에서 예배자들에게 주어야 할 경험은 어떤 것들인가?

첫째, 예배는 단지 순서 진행이나 혹은 흥미있는 일을 위한 프로그램 형식의 하나가 아니라, 하나님을 섬기는 길의 하나라는 점이다. 아무리 형식이 갖추어진 예배라고 하더라도 다음과 같은 성격을 지니지 못할 때 그것은 무의미한 것이 되고 만다.

그것이 하나님을 향한 인간들의 인격적인 관계를 진지하게 표현해야 한다.

그것이 하나님을 향해 예배자들이 자기 생명을 드리려는 맑고 높은 소원의 표현이어야 한다.

그것이 하나님을 향해 자기 소유와 노력을 드리려는 결단의 표현이어야 한다.

둘째, 예배는 하나님에 대한 경외감(sense of awe)이 깃들어야 한다는 점이다. 예배가 진지하면서도 자연적일 때 심신 속에서는 경외감이 짙어져 간다. 또한 경외감은 단지 감정을 자극시키는 길이 아니라, 오히려 진지한 성서연구와 활발한 토의의 과정을 거쳐 그들의 확실한 깨달음 속에서 진정 바르게 형성되는 정서이다.

셋째, 예배는 회원들 모두의 참여로써 이루어져야 좋을 예배라는 점이다. 예배는 사회자와 설교자 그리고 몇몇 노래로 돕는 사람들만이 드리는 순서가 아니다. 특히 교회학교의 예배현장에서는 예배자 모두가 어떤 모양으로든지 직접 참여할 필요가 있다. 교독문 낭독·교송문 낭독·일동 찬송 그밖에 교독 기도·교독 헌금기도·회중이 참여하는 입체설교 등 다양한 방법이 시도되어야 한다.

네째, 예배는 하나님께 드려지는 것이기에 순서 하나하나가 소홀히 다루어질 수 없다는 점이다. 착실한 자세로 충분한 시간을 드려 준비하는 기풍을 어린이들이나 청소년들에게 넣어 주어야 할 것이다. 그들에게 필요한 것은,

　－예배에서 부를 찬송가를 사전에 배워 두는 일.
　－예배에서 부를 찬송가가 만들어진 경위와 그 뜻과 분위기에 관하여 공부시간이나 토의시간에 다루어 볼 기회를 갖는 일(어린이, 성인 찬송가 해설을 참조 할 것).
　－바른 기도의 성격에 관해 사전에 공부하며 토의하는 일.
　－특별한 경우와 계절에 드릴 예배를 위하여 기도문 쓰기와 교독문 및 교송문을 쓰기를 실시하는 일들이다.

다섯째, 예배란 고정적일 수 없다는 점이다. 특히 청소년들의 예배일 경우 더욱 그러하다. 고정된 순서로 된(canned) 예배나 기성품식(ready-made) 예배는 발랄한 내용과 분위기를 상실하기 쉽기 때문에 청소년들에게는 적합치 못할 경우가 많다.

　－교회학교 각 부의 각 그룹을 위하여, 또한 특별한 경우를 위하여 비고정적이고 버형식적인 예배가 시도될 필요가 있다.
　－이런 예배는 정규예배를 구성하고 있는 일반적인 예배재료이외에도 시청각적인 보조수단, 극적인 요소, 고함지르는 일, 무용 등이 활용될 필요가 있다.[2]

---

[2] 상게서 p.352.

2. 기독교 교육과 예배

웨스터 호프는 특히 어린이들의 신앙을 전승시키기 위해서
는 그들을 가르치는 교육이 공동체적 구조를 지녀야 하며, 또
한 공동체를 추구하기 위해서는 '의식(Ritual)', '경험(Experi-
ence)', '행동(Action)'의 세 요소가 있어야 하는데, 특별히 종교
의식을 통해서 하나님의 실재와 만나는 체험을 하게 되고, 하
나님께 감사하며, 자기를 반성하고 결단하는 반응을 일으키게
한다고 주장한다.[3] 그런 의미에서 예배는 교육의 방법이라기
보다 교육 그 자체라 하겠다.[4]

기독교 교육이란 결국 하나님께서 그 백성을 구원하며, 그
들에게 참 인간됨의 자유를 얻게 하기 위해 힘있게 일해 오시
는 일체의 활동을 기뻐하고 축하하는 일이기 때문에, 인간에
게 미래의 희망을 열어주는 자유의 잔치요, 그 기쁜 축하의 대
화에 참여하는 예배 자체이다. 하나님의 구속적 화해에 대한
감격과 축하, 그리고 이에 참여하는 행위를 예배라고 볼 때
Russell의 사상에서 보면 예배는 교회 안에서 이루어지는 행
위이긴 하되 그 이상의 행위, 즉 하나님의 자유와 세계의 자유
를 축하하는 행위이며,[5] 개인들이 예배자이기는 하되 그 이상
의 공동체적인 참여가 예배의 핵심이 되는 것이다.

그리스도교 예배는 하나님의 행사이며, 그 응답으로서 인간
의 행사이다. 아버지이신 하나님이 아들이신 하나님을 통해서
구원의 사랑을 우리에게 베푸시고, 성령이신 하나님이 우리 마
음을 열어 아버지의 사랑을 기쁨으로 받아들이고 온 몸으로 그

---

3) John H.Westerhoff Ⅲ, 기독교 교육논총, pp.84-85.
4) John H.Westerhoff Ⅲ, The Living Faith Community, p.55.
5) L.M.Russell, 기독교교육의 새전망, p.175.

에게 응답할 수 있게 하신다.6) 그러므로 그리스도교 예배는 단순히 복음에 대한 응답이 아니라 그 안에 참여하는 것이다. 이것은 성령의 역사를 통해서 믿음으로 참여하는 행동인 것이다.7)

그리스도교 예배는 하나님의 목적을 그 자녀들이 그 자신과 다른 사람과 함께 하는 신앙 공동체 안에서 성취시키는데 큰 위치를 차지하고 있다. 그리스도교 예배는 필연적으로 하나님과 함께 두 겹으로 축제를 하는 것이다. 이 축제적인 예배에서 우리는 하나님을 찬양하고, 그에게 감사를 드리고, 그가 행하신 일을 기억하며 헌신한다. 예배의 공동체가 교회요, 우리는 이 예배의 공동체의 일원으로서 생의 의미와 방법의 새로운 차원을 발견한다.8)

기독교 교육이 복음 아래서 계획적으로 인간됨을 변화시켜 해방된 삶을 살게 하는데 목적이 있다고 한다면, 하나님의 구원의 역사를 축하하는 잔치에 참여하는 것이야말로 기독교 교육이 이루고자 하는 목적을 충분히 성취시킬 수 있는 과정이 될 것이다. 참된 교육은 언제나 의미깊은 의식을 가진다. 풍부한 의미를 담고 있지 아니한 교육행위는 무의미한 것이기 때문에 의식없이는 교육이 목적하는 바를 성취시킬 수 없다.9) 그러므로 종교적 축하 의식은 교육적으로 중요한 사항임에 틀림없다.

기독교 교육과정 안에서의 예배는 하나님의 본성과 하나님의 인간과의 관계에 대하여 체험적인 확신이 있어야 하기 때

---

6) 정용섭, 교회 갱신의 신학(서울, 대한기독교출판사, 1980), p.233.
7) 상게서 p.234.
8) 상게서 p.234.
9) Marvin J. Taylor, ed., Foundation for Christian Education In and Era of Change (N.Y. Abingdon Press, 1976), p.17.

문에 단순한 인간의 소망이나 원망과 같은 심리적 투사나 그 산물이 아니고, 오히려 인간으로서는 불가능한 사항에 대하여 하나님의 놀라운 활동을 재삼 확인하는 일이다.10) 이 기쁨의 축제는 반드시 한 곳에 고여있지 않고 나눠지도록 재촉된다. 인간이 하나님과 더불어 얻어진 기쁨을 나누어 갖는 것은 타인이 그들과 함께 살아보고자 하는데까지 이끌어간다. 그러므로 예배는 증거하는 공동체의 핵심이며, 증거하는 공동체가 드리는 예배는 실천 활동으로 나아가게 된다.

그러므로 교회는 예배를 통해서 구원의 사건을 축하하며, 그 예배에 참여하는 자는 하나님의 변혁에 참여하도록 부르시는 그리스도의 초청에 응답하는 일이기 때문에 그곳에서 이루어지는 예배의 모든 과정은 교회의 본래적 사명에 참여하는 일이 된다.

예배야 말로 교회 교육과정에 있어서 중심부에 있으며, 학습과정에 있어 예배에서 이루어지는 축제야 말로 인간 자신과 그가 살고 있는 세계를 변화시킬 수 있는 힘이다. 이러한 교육의 모든 과정과 이루고자 하는 목표는 바로 하나님 앞에서 하나님과 함께 축하하는 잔치이기에 축하의식은 교육이 이루고자 하는 교육의 목적을 이루기 위한 수단이다. 그러므로 예배는 방법이나 지나쳐가는 프로그램이 아니라 기독교 신앙이 가르치는 목적, 바로 그것이라 할 수 있다.11)

3. 기독교 교육을 위한 예배의 방향

웨스터 호프는 신앙 공동체를 본질적으로 '살아있는 전통과

---

10) Wayne Rood, The Art of Teaching Christianity, p.139.
11) 이영호, 예배와 축제(서울, 대한기독교교육협회, 1984). p.295.

상호작용하는 공동체'12)로 규정지으며, 교육은 이러한 신앙 공동체의 상호작용을 통해 자연스럽게 상호영향을 받으면서, 세계관과 가치관이 형성되도록 돕는 것으로 이해하였다. 웨스터 호프의 교육관에 있어서 신앙 공동체의 역할은 대단히 중요하다. 그가 강조하는 종교사회화, 기독교적 삶의 스타일 형성은 모두 신앙 공동체라는 교육현장에서 실천되어야 할 것이다. 그런데 웨스터 호프는 신앙 공동체의 살아있는 전통속에 간직된 요소들 가운데 특별히 교회의 종교의식을 중요시 한다. 그에 의하면 종교의식은, 신앙을 구체화하고 신앙의 의미와 비전을 지속시키고 전달하는 의미있는 예전을 강조한다.13) 웨스터 호프는 만일 예배가 크리스천의 삶의 초점이라면 그것은 분명히 기독교 교육에 있어서도 초점이 되어야 한다고 주장한다.

그런데 문제는 현대 교회의 예배의식이 많은 문제점을 가지고 있어서 이와 같은 사명을 온전히 감당할 수 없다는 것이다. 여기서 예배의 신학적인 성격과 문제점을 살펴보기로 한다.

1) 예배의 신학적 성격

먼저 예배는 '하나님의 지고의 가치'를 인정하는데서 출발한다. 인간 생활에 있어서 가장 고귀한 사실은 인간의 영혼이 초월자이신 거룩하신 하나님과 대면하는 일이다. 하나님은 모든 만물을 창조하셨다. 하나님 외에 주권을 가진 이가 없으며 그분 외에 우주적 권위를 가진 이가 없다. 그러므로 예배는 피조물이 창조주에 대해서 최고의 가치를 인정하고, 그것을 그분에게 돌리는 일이다.14)

---

12) John. H.Westerhoff Ⅲ, 교회의 신앙교육, p.19.
13) John H. Westerhoff Ⅲ, Generation to Generation, p.83.
14) Raymond Abba, Principle of Christian Worship, 허경삼 역, (C.L.S.K.Seoul,

그리스도교 사상은 하나님의 가치를 인식하고, 그의 가치가 내재적으로 나타나는데서 인간의 생의 가치를 인식해 왔다. 시편 기자는 "그의 이름에 합당한 영광을 주게 돌릴지어다"(시 96 : 8)라고 했고, 계시록에서는 "죽임을 당하신 어린 양은 존귀와 영광과 찬양을 받으시옴이 합당하옵니다"(계 5 : 12)라 노래했다.

두번째로 그리스도교 예배는 하나님 중심적이다. 하나님이 당신과의 사귐을 위해서 인간을 창조하심으로 예배의 중심은 하나님이시다. 존재 근거로서 하나님은 생의 근원 보존자가 되신다. 만물의 통치자로, 하나님은 인간과 대면하시는 분으로 인간에게 오신다. 그것은 그가 인간을 심판하는 자리에 서 계시고 인간에게 요구하시는 분이기 때문이다.15) 예배에서 인간이 응답할 때 하나님은 그의 선하심과 사랑을 새롭게 나타내시어 인간에게 경험하게 하신다. 예배에서 인간과 만나는 말씀은 그로 하여금 생의 결단에 직면케 하면서 새로운 존재의 질서 속으로 데리고 간다. 이 말씀과의 예배적인 만남은 가치를 식별하고 확인하는 경험 이상으로 분명하다.16)

세째로 교회 예배의 근거는, 기독론적이다. 예수님의 생애 그 자체가 어떤 의미에서는 예배론적이다.17) 그의 생애는 예배의 생애였다. 그리스도교 예배의 기독론적 근거는 그의 생애를 통해 이루신 완전한 예배의 행동인 예수의 직무(Minis-try)에 근거한다.18) 그는 악마의 일을 멸하러 오셨고(요일 3 : 8), 그의 죽으심으로 인간을 하나님과 화해하게 하러 오셨다.

1974)
15) 정용섭, 교회 갱신의 신학. p.38.
16) 상게서 p.39.
17) 상게서 p.39.
18) 상게서 p.39.

예수의 생애는 '해방'과 '화해'라는 두 낱말로 요약될 수 있다. 히브리서에 "그가 자신을 바치셨다"고 할 때, 그는 십자가의 죽으심이 그의 선교의 정점이 된다는 것을 미리 내다보신 것이다. 예배의 기독론적 근거에 있어서 말씀과 성례전은 그리스도의 임재의 보증이 된다. 우리가 예배의 기독론적 근거를 확인하려고 할 때 신약성서의 증거의 중요한 부분을 간과해서는 안된다. 그것은 "이를 행하여 나를 기념하라"고 명령한 말씀에 근거한다. 그리고 이 땅에서의 예배는 지금도 그리스도께서 영원한 대제사장으로 하늘에서 드리는 하늘의 예배를 반영한 것이다.[19]

예배의 모든 행위에 있어서 교회는 부활하신 그리스도가 오시는 기적을 경험한다. 여기서 인간은 그리스도와의 만남을 통하여 구원하시는 하나님을 만난다. 하나님께의 예배는 인간으로 오신 그의 아들의 인격 안에서만 가능하다. 모든 진정한 그리스도교 예배는 그리스도를 중심적으로 그리스도 안에서만 이루어진다.

네째로 기독교의 예배를 기름부어 정결케 하시고 영감을 주시는 분은 성령이시다.[20] 예배의 모든 부분과 교회의 모든 프로그램은 반드시 성령의 영감에 의해서 수행되어야 할 것이다. 인간의 예배에서 하나님은 성령 안에서 임재하시고, 성령은 아버지와 아들의 현현으로 임재한다. 성령은 그리스도의 승천 후부터 다시 오실 때까지 교회의 관리자로서 교회를 창조하시고 교회에 계속적으로 생명을 공급하신다. 그의 능력없이는 교회는 존재할 수가 없다.[21]

---

19) 상게서. pp.39-40.
20) 상게서
21) 상게서 pp.39-40.

마지막으로 교회는 그 자체가 역사적이고, 인간의 단체인 동시에 하나님의 창조하신 기구이며 예배의 공동체이다.[22] 교회는 본래부터 교회의 생명을 위해 예배와 교회의 형식을 취한 것이 아니고 예배 안에서 숨을 쉬고 그 자체를 이해해 왔다. 공중예배의 말씀과 성례전에서 교회는 그리스도의 몸을 형성해 왔고 성장해 왔다. 교회는 예배없이 존재할 수도 없거니와 예배없이 그리스도에게로 인도할 수 없다. 예배는 교회의 자기 본질이요, 자기 보존이다. 교회의 예배에서 회중은 하나님의 심판아래 서며, 예배드리는 회중 속에서 크리스천 개인은 자기의 가장 고귀한 가치를 발견한다. 그리므로 공중예배가 크리스천의 관심과 지성을 발전시키며 깊은 영적 분별력을 낳는다. 생동하는 예배(Dynamic Worship)는 교회밖에 있는 사람들에게 교회의 가장 안전하고 영구적인 인력이 된다. 예배의 신학을 가진 교회는 자기를 초월하는 공동체로 지향할 수 있다.[23]

2) 현대 교회 예배의 문제점

기독교는 그 신앙의 양식에 있어서 예배를 중요시 했고 예배의 혁신을 추구해 왔다. 그것은 종교개혁이 예배의 혁신에 대한 활발한 작업을 촉구하기 시작했기 때문이다. 그러면 현대 교회 예배의 문제점은 무엇인가?

첫째는 예배는 말씀과 성례전으로 구성되어 있음에도 불구하고 말씀의 설교만을 우위에 올려 놓은 것이다. 예배에 있어서 말씀과 성례전은 함께 살아계신 그리스도를 구현하며 그

---

22) 상게서 p.41.
23) 상게서 p.41.

그리스도는 우리가 예배에서 만나고, 이런 예배가 드려지고 시도되는 그 때와 장소에서 괴로운 인간은 하나님이 주시는 생명으로 기쁨을 경험하여 갱신된 크리스천 인격이 함양된다.[24]

그러나 프로테스탄트 교회는 그 시작부터 말씀의 설교만을 우위에 올려 놓았다. 종교개혁은 무엇보다도 먼저, 신앙과 예배의 기초를 말씀에다 두고 강조를 했다. 그래서 자연히 말씀의 설교를 듣는 일이 예배의 중심부를 차지하게 된 것이다. 그래서 '교회에 가는 것'이 '설교를 듣는 것'이 되어버린 것이다.[25]

공중성을 띤 성례전인 제단이 설교 중심의 강단으로 바뀌어짐에 따라 기독교는 점진적으로 '주관적'이고 '개인적'이고 '경건주의적'인 데로 옮겨 갔고, 공동체의 심볼(Symblol)이던 제단이나 성례전 등 상징적인 것이 없어지고 개인적인 상상의 세계로 파고들어 가면서부터 '그리스도의 몸'으로서의 교회공동체 의식은 사라져 갔다. 이리하여 예배는 근본적으로 공중성을 띤 공동행위에서 설교를 듣는 설교중심의 예배가 된 것이다.[26] 기독교 예배는 결코 개인주의적인 일이 될 수 없으며 공동체적이라는 사실이다. 사도들의 공동체는 코이노니아에 대한 철저한 인식이 있었고, 그 친교는 십자가에 못 박히시고 부활하신 주님께 헌신하는 것에 의해 독특하게 하나가 된 공동체였다.[27] 교회는 '야훼의 공동체'요, 예배를 위해 '소집된 공동체'요, '그리스도의 몸'이요, '하나님의 백성'이다. 예배드리는 크리스천은 고립된 삶을 살아가는 사람이 아니라 그들은

---

24) Ernest B.Koenker, Worship in Word and Secrament(Saint Lowis, Concordia Publishing House, 1959), pp.7-8.
25) 정용섭, 교회 갱신의 신학, p.16.
26) 상게서 p.35.
27) 상게서, p.18.

자기 자신을 그리스도의 참 가족의 구성원이요 그의 몸의 지체로서, '그리스도 안에서' 신앙을 가지고 예배와 봉사를 통해 자기들의 생을 반영시키는 곳에서 새로운 창조로 끌어 올려진 자기 자신을 바라보면서 사는 사람들인 것이다.[28] 예배의 목표는 하나님을 더 잘 알고 우리 자신에 대해 더 깊이 아는 것이며, 이같은 지식을 통하여 그의 이름을 찬양하고 섬기는데 있다. 설교자는 그들의 선포를 통하여 '하나님과의 만남'에 이르게 해야 하며, 방향을 잃은 사람에게 말씀을 통해 방향을 제시함으로 궁극적으로 하나님과 만날 수 있게 해야 한다.

여기서 설교와 성례전의 결합이 요구된다.[29] 설교는 항상 성례전으로 인도해야 하고, 성례전은 항상 말씀의 설교를 필수로 한다. 말씀의 설교는 사실에 있어서 항상 성례전적 목적을 가지고 있고, 성례전이 확인되고 표징될 수 있는 목적을 찾아야 하며, 그 열매를 맺게 확증해야 한다.[30] 설교와 성례전이 균형을 이루며 행해질 때 예배는 더욱 생동적으로 될 것이다.

두번째로 하나님의 계시가 위에서 내려오며 인간의 예배가 위로 올라갈 때, 그 교차점이 종교의 핵심이라고 할 때 예배는 하나님의 부르심에 대한 인간의 응답이 뒤따르며 결단이 뒤따라야 하는 것임에도 불구하고 오늘날 예배는 인간의 응답을 전혀 요구하지 못한 채 이루어지고 있다는 것이다.[31] 예배에서 인간이 응답할 때 하나님은 그의 선하심과 사랑을 새롭게 나타내심으로 인간에게 경험하게 하신다. 예배에서 인간에게 주어지는 말씀은 인간의 존재가 달려있는 하나님의 실재를 구체화

---

28) 상게서, p.19.
29) John H. Westerhoff Ⅲ, Living the Faith Community, p.66.
30) J.J.Von Allmen, Worship : Its Theology and Practice(New York, Oxford University Press, 1965), p.21.
31) A.B.Bielby, Education Through Worship(SCM Press L.T.D), p.6.

하며, 인간이 죽음으로부터 생명의 세계로 건짐을 받느냐, 못받느냐는 운명적인 결단에 직면케 하는 말씀이다. 예배는 모든 사람에게 완전한 참여를 고무해야 한다.[32]

세째로 현대 예배는 인간의 장을 외면한 형식적이고 의식적인 예배를 벗어나지 못하고 있다. 예수 그리스도는 신령과 진정으로 예배하라[33]고 함으로 인간의 영혼 깊은 곳에서 '사랑·충성·복종·헌신'으로 응답하는 예배 그래서 인간의 전인격이 하나님과 만나서 변화를 받고 갱신되면서 그의 계시에 날마다 새롭게 응답하는 예배를 말씀하신 것이다.

이것은 예배와 생활을 통일시킨 예배의 갱신이며, 바울은 이 진리를 로마서 12장 1-2절에서 분명히 밝히고 있다. "여러분의 몸을 하나님이 기뻐하실 거룩한 예배가 되어야 한다는 말이다."[34]

하나님께 예배를 드리고 또 예배를 드리려는 사람은 외형적인 변화가 아니라 내적인 변화 즉, 존재의 근원적인 변화를 가져와야 하는 것이다. 랜돌프(D.J. Randolph)가 "설교의 갱신의 목표는 성전을 수리하는데 있지 않고. 인간을 갱신하는데 있다"라고 한 것과 같이 예배의 갱신은 예배의 장소와 의식을 수리하는데 있지 않고 예배자를 갱신하는데 있는 것이다.

네째 예배는 본질적으로 하나님의 구속의 역사를 축하하는 축제의 성격을 가지고 있다.[35] 그런데 현대 교회의 예배는 그 기쁨을 잃어버린 예배가 되고 있다. 예배가 축제인 것은 기독교 예배가 승리에 근거를 두고 있기 때문이다. 이 승리는 예수 그리스도의 죽음과 부활을 통해서 사망의 권세를 이기신 승리

---

32) John H. Westerhoff Ⅲ. Leving the Faith Community. p.66.
33) 요 4 : 23.
34) 정용섭. 교회 갱신의 신학. p.25.
35) 상게서 p.232.

이며, 지금도 계속 그의 구원이 완성되어 가고 있다. 이 기쁜 소식이 다른 어느 소식보다 '감사와 환희'를 불러 일으키는 것은, 예수 그리스도를 통한 하나님의 승리가 우리 생의 의미와 희망을 주는 유일한 근거가 되기 때문이다.[36] 그러기에 교회는 하나님께서 그 백성을 구원하여 그들에게 참 인간됨의 자유를 얻게하기 위해 힘있게 일해 오시는 일체의 행동을 기뻐하고 축하하기 위해 모인 공동체요, 예배는 바로 인간에게 희망을 열어주는 자유의 잔치요, 축하의 기쁜 대화인 것이다.[37] 그리고 예배를 통해 축하할 뿐만아니라 평화와 정의를 추구하는 것에 의해 주께 봉사하고 사랑할 것에 참여하는 것이다.[38] 따라서 예배의 참여자는 즐거움과 기쁨으로 충만해야 한다.

그러나 오늘날 예배의 설교가 도덕적인 용어와 내용으로 일관하고, 치료와 구속적 선포의 설교이기보다 비판적 설교를 통하여 죄의식을 느끼게 하여 참여자들은 불안과 죄의식에 싸여 교회문을 나설 수 밖에 없는 현실인 것이다.

여기서 역사적으로 예배의 형태를 초대교회의 빛에 비쳐 회복해야 한다. 초대교회 사도들의 예배는 공동체의 잔치로서 몰트만이 "메시야적 잔치로서의 축제"[39]라고 한 것에 그 성격이 잘 나타나 있다. 메시야적 축제로서, 주일예배는 어둡고 음산한 분위기를 자아내는 저주의 제사가 아닌 부활의 축제였다. 그러므로 부활의 축제로서 생명된 삶을 억압하는 모든 세력들에 항거하며 모인 공동체는 포괄적인 그리스도 역사, 즉 피조물의 구원을 위한 그의 죽음에서 희생과, 피조물의 미래

---

36) 상게서, p.233.
37) L.M.Russell, 기독교교육의 새전망, p.175.
38) John H. Westerhoff, Living the Faith Community, p.67.
39) Jurgen Moltmann, 성령의 능력안에 있는 교회, 박봉랑 역(서울, 한국신악연구소, 1980), p.283.

를 위한 하나님의 생명 안에서의 그의 영광을 새롭게 인식한
다. 그러므로 우리는 이 시대에 다시금 '메시야적 잔치로서의
축제'를 회복해야 한다.

이상에서 현대 교회 그 문제점을 몇 가지 지적하고 예배의
탈바꿈을 위한 그 방안을 모색해 보았다. 예배는 웨스터 포프
가 말하는 바와 같이 기독교인의 삶의 핵심이며, 그보다 더 중
요한 것은 없다는 사실을 인식하면서, 초대교회의 생동력 있는
예배의식을 회복함으로 그 속에서 인간 변화 - 기독교적인 삶
의 스타일 - 를 가져오는 예배가 되도록 해야 할 것이다.

4. 연령층의 예배

1) 유아들의 예배[40]

유아들은 여러 측면 - 신체, 지능, 정서, 사회성 등 - 에서 아
직 미숙한 상태에 있다. 이 제약성이 자연히 예배라는 행위를
갖추는데 제한을 가하는 것이 사실이다.

그러기에 유아들에게는 형식적 정형 예배 보다는 비형식적
자유형 예배(informal worship)가 적절하다는 것이 무엇보다
도 중요하다.

따라서 유아들의 예배는 일정한 시간을 정해서 하나로 연속
된 것이 될 수 없으며, 단회적인 형식이 될 수 밖에 없다. 주일
활동들의 사이사이에 적절하게 찬송이나 기도를 드릴 기회를
포착해서 하나님과 대화를 하는 형식으로 표현해야 한다.

혹은 신체 활동이나 이야기 활동이나 창작 활동이 끝나면서

---

40) 정웅섭. 성계서 pp.353~356에서 발췌함.

자연스럽게 예배에 들어가는데 찬송가를 부른뒤 간결하게 기도함으로 끝내는 것이 좋을 것이다.

2) 아동들의 예배

어린이는 아직 자각적인 신앙에 이르지 못한 연령층이다. 그들로 하여금 교회학교의 일원임을 예배를 통해 느끼게 함으로써, 하나님의 가족인 교회의 전체성 속에 품어지도록 이끈다.

구체적으로는 어린이와 교사가 함께 예배에 참여하는 자임을 확인케 함이 중요하다.

따라서 교사는 예배 감독자의 위치에 설 것이 아니라 진실한 참여자, 즉 참 예배자의 모습을 보여야 한다.

물론 설교의 역할은 중요한 것이지만 예배의 전체성이 위협을 받을 만치 편중되게 되어서는 바람직하지 못한다.

예배에서 설교의 비중이 과도하게 커지고 다른 요소들―찬송·기도·봉헌 등―이 약화되면 예배전체가 좁은 의미의 지적인 전수의 자리에 머물고 만다.

예배는 복음의 향연이다. 이 점은 어린이의 경우도 같다. 따라서 예배의 분위기는 기쁨과 즐거움이 되어야 한다. 어린이 예배는 어린이다운 기쁨의 표현으로 참여하도록 이끄는 것이 바람직하다.

교육예배는 그저 단지 조용하고 엄숙한 성인 예배적인 분위기의 유지보다는 생동감이 넘치는 예배를 창조해야 한다.

3) 중학생들의 예배

지나치게 시간이 길거나 추상적인 예배 내용은 좋지 않다.

그들은 예배에서 신앙을 표현할 때, 만질 수 있는 구체적이고 확실한 방도를 통해서 예배하기를 좋아 한다.

성구나 메시지 읽기·기독문 읽기·교송문 읽기·극적인 대사 읽기 등을 예배의 자료로 사용한다.

예배의 계획과 진행올 학생 자신들에게 맡기는 일은 매우 고무적이다. 그러나 그 과정에서 그들의 아직 미숙한 모습이 드러남으로써 당혹하는 일이 없도록 유의해야 한다.

따라서 그들이 예배를 준비하는 과정에서 교사들의 성의있는 배려와 도움이 절대 필요하다.

학생들의 예배훈련은 꾸준히 계속되어야 하며, 쉽고 짧은 예배나 고정적인 형식의 예배로부터 훈련의 기회를 삼아나가야 할 것이다.

교사가 전적으로 또한 직접적으로 그들의 예배행위를 지시해서 끌고가는 일이 없어야 한다.

학생들에게 충분한 시간과 성의를 들여 준비하는 습성을 길러 준다는 것이 무엇보다도 중요하다.

4) 고교생들의 예배

예배를 계획하고, 준비하고, 진행시키는 모든 과정에서 더욱 학생들의 자발적인 면이 강조되어야 한다.

예배를 이끌어가는 책임을 수행하는 가운데 학생들의 지도력을 길러주도록 유의한다.

그들이 예배의 목적에 관심을 갖고 예배의 의미를 파악할 수 있게 되어야 한다. 의미있는 예배를 통해서 자기 자신과 하나님과의 내적인 연결을 경험하도록 돕는다.

예배를 통해서 고교생들의 하나님에 대한 이해가 넓혀지며 생의 바른 실재에 눈뜨게 한다. 이 연령층의 젊은이들은 의미있고 감명적인 메시지를 마음으로 깊이 음미할 수 있게 된다.

교회의 대예배에도 관심을 가지게 되므로 기회있을 때마다 참여를 권할 필요가 있다.

다른 종파(특히 카톨릭·유대교 등) 들의 예배의식에 관심을 가지며 참석해 볼 의사를 표시한다.

예배에 참여한다는 것은 그 예배를 이끌어 간다는 뜻이 아니다. 그것은 예배 속에 이끌려 들어가 함께 예배한다는 뜻이다. 예배자는 예배 행위자이지 예배 견학자는 아니다. 하나님을 예배하는 일 속에 내포가 되는 사람이다. 그것도 타율적인 참가자가 아니라 자진해서 내포되는 사람이다.

특히 청소년들의 예배 참여를 높일 수 있는 길은 무엇인가?

예배 참여라는 문제에 있어서 젊은이들의 전경험(前經驗)이 중요하다. 그들이 예배에 앞서서 가진 경험 여하에 따라 그 다음 따라오는 예배의 참여도가 달라진다.

예배를 효과적인 것으로 되게 하는 전경험이란 젊은이들에게 참으로 바르게 깨달음을 주는 경험이다. 확실한 이해는 젊은이들에게 감탄과 감격을 안겨준다. '아! 정말 하나님은 그런 분이었구나!' 하는 이 깨달음이 그들에게 그 하나님께 대한 감사의 마음을 일으키고 예배하지 않을 수 없는 정서를 지어낸다.

젊은이들을 예배로 이끄는 깨달음의 경험에는 여러 길이 있다. 교사의 훌륭한 신앙적인 강의를 듣는 일, 성경을 함께 읽고 생각하는 일, 기독교 문학서적을 읽고 토론하는 중에 깨닫는 일 등이 있다.

우리는 흔히 선 예배·후 공부나, 혹은 선 공부 후 예배나 하는 질문을 받는다. 예배에 있어서 전경험의 중요성을 인정한다면 이것은 어리석은 질문이 된다.

어느 의미에서든지 선 공부·후 예배가 더 본질적이라고 생각한다. 우리는 '그렇다면 첫 시간을 가려 먼저 예배드리는 일이 왜 좋지 않느냐!'는 항의를 예상한다. 이에 대한 대답은 이렇다. 하나님께 대한 예배는 가장 귀한 것이기에 가장 예배에 합당한 마음과 정성이 지어지는 시간을 택해야 한다는 것이다.

또한 젊은이들이 어떤 공동작업(project)을 마련해서 활동하는 경우, 예배를 그 작업의 앞·뒤에 놓을 수도 있을 것이다. 이 경우 활동에 선행하는 예배는 그 목적이 '하나님, 이렇듯 멋진 일을 계획하게 하시니 감사합니다. 일할 저희에게 힘을 주소서'가 될 것이다. 또한 활동 뒤에 드리는 예배에서는 평가하면서 드리는 감사와 재결심(re-committment)의 뜻이 강조되는 것이다.

제 5 장

기독교 교육의 방법

1. 구약시대의 교육

구약시대에는 모세 오경에1) 교육 내용과 교육방법이 기록되어 있는 것을 찾아볼 수 있다. '오늘날 내가 네게 명하는 이 말씀을 너는 마음에 새기고 네 자녀에게 부지런히 가르치며 …' (신명기 6 : 4~9) '온 이스라엘이 네 하나님 여호와 앞 그 택하신 곳에 모일 때엔 네 하나님 여호와 경외하기를 배우게 할지니라'(신 6 : 4~9, 11 : 18~20, 31 : 11~)

이러한 기록들을 보면 얼마나 교육에 철저했던가는 알게 해 준다. 요세푸스(Josephus)는 모세 때부터 안식일마다 회당에 모여서 율법을 읽는 것을 들을 뿐만 아니라 잘 배우게 한 것이 유대인들의 전통이었다고 하였다.

요세푸스와 같이 필로(philo)도 유대인의 회당은 '교훈의 집'이라고 칭하면서 유대인들에게 자기 이름을 암기하는 이상으로 성경을 암기하도록 누차 반복시키면서 교육하였다고 하였다.

이런 교육법은 교사가 강의하고 학생들이 듣기만 하는 것이 아니라 학생이 질문하고 교사는 들은 후에 대답하는 것이었다. 그리고 그들의 가정교육방법이 매우 좋았다. 교사는 부모가 되고 부모는 신앙정신이 투철하여 어머니는 가정일에 대하여 가르치고 아버지는 성경 교사가 되었다.2)

장년 교육은 회당을 중심으로 하여 제사장 예언자들을 통해 종교적 의식이나 명절을 통하여 교육했고 또한 성경을 통하여 교육했다. 특히 토라(Torah)를 통하여 철저한 종교교육을 실시하였다.3)

---

1) 모세오경 : 창세기, 출애굽기, 레위기, 민수기, 신명기(모세가 기록함)
2) Clarenece, H.Benson. A.Popular History of Christian Education Chicago : Moody press, 1943, Chapter 1에서 요약
3) 토라 : 유대인들의 모든 생활을 규약한 율법인데 모세오경을 근거로 함들었다.

포로시대 이후의 유대인의 교육법은 역시 질의 법과 요리문답식이었다. 학생 상호간의 강의와 질의응답을 하게 하며 충분히 토의함으로써 문제에 대한 확실한 답을 주게 하는 것이다.

구약성경을 보면 몇가지 방법을 사용한 기록이 있는데 요약하면 다음과 같다.

① 율법낭독

율법낭독은 가정에서나 회당에서는 물론 성전이나 길가에서도 낭독하게 되었다. 길에 달려가면서도 볼 수 있게 하라고 하였다.

② 율법강해

해석하며 교육하고 명령에 복종한 것을 항상 강조하였다.

③ 요약 암기

중요한 성구를 암기하게 하여 일상생활에 직접 활용케 하고 영향을 주었다.

④ 율법교독

회중이 모였을 때 교독하게 하였다.

⑤ 문답법

전술한바와 같이 사제지간의 대화를 통하여 가르친다. 서로 묻고 답하는 교육방법이다.

⑥ 비유법

추상적 교훈을 직접 상징으로 효과적인 교육을 실시한다. 구약의 유대인들이 오늘의 교육적 용어인 '평생교육'을 이미 그 당시에 실시한것을 알 수 있다.

2. 신약시대의 교육방법

신약시대의 교육도 초기에는 구약시대(선지자, 제사장시대)의 교육방법의 연장선에서 실시되었다. 그러나 예수 그리스도의 공생애의 시작으로 새로운 교육방법에로의 길로 들어선다. 교육은 예수님의 생애중 중요한 사업이었다. 신약시대의 교육방법을 논하려면 결국 예수님의 교육방법을 논해야 한다. 다음 장에서 예수님의 교육방법을 집중적으로 언급하기로 하고 여기서는 몇가지만 간략하게 소개한다. 제자들에게 전파하는 일보다 가르치는 일에 힘쓰게 하셨다. 그는 실로 위대한 선생이었다. 그리스도에 대한 기록이 있는 신약성경 복음서에 보면 45회나 선생이라는 말로 그리스도를 호칭하였다. 그러나 지도자라는 말을 쓴 일이 없다. 그리스도는 회당 사원, 노변, 가정, 해변, 산상, 성전, 어디에서나 교육하였다(마 6 : 2, 12 : 13, 요 6 : 59).

그의 90회 연설중 60회는 가르치는 일을 하였고 나머지 30회는 설교하였다. 그리스도 자신이 선생이라는 말을 옳다고 인정하셨다(요 13 : 13). 이제 그의 교육방법을 요약하면 다음과 같다.

① 대화방법 : 학생이 중심이 되는 귀납법적 교육방법이다. 니고데모나(3 : 1-15) 사마리아 여인과의 대화(요4 : 1~26) 같은 것이 있는데 깨달음을 준다.

② 반문법

자기를 비난하는 자들의 공격을 역이용하여 반문함으로써 그 비평을 막았다(마 21 : 23~27).

③ 격언법

구약의 잠언 경구 교훈을 이용하여 진취적이며 창의적 교훈을 하였다(눅 4 : 17-24).

④ 비유법

보다 높은 사상을 고차원의 세계로 인도하며 영적감화를 준다(눅 15 : 1).

⑤ 토의법(대화법에 속하기도 함)

인생의 실제문제를 보편적으로 토의하게 한다(마 14 : 16-17).

⑥ 질문법(반문법도 이에 속한다)

100여회나 성경에 기록된 방법인데 사고 환기 확신등의 응답을 듣기위해서이다(눅 10 : 36, 미 16 : 15).

⑦ 강의법 : 교사 중심인 연역법적 교육방법 이라고 한다. 산상보훈 같은 것이다(마 5 : 1-12).

⑧ 강연교육법

문제를 강연하고 실제적 경험을 통해 배우게한다(눅 4 : 15-24).

⑨ 시청각적 교육방법

동전의(coin) 좌화상 설명 공중의 새들 백합화 등등의 그 좋은 예이다(마 6 : 26-34).

⑩ 일인일기법(一人一技法)

마르다와 마리아의 대화에서 '혹 한가지 만이라도 족하니라' 한 예(눅 10 : 42)가 있다.

⑪ 생활 교육법

실제적인 생활속에서 생활의 본이되어 교육하셨다. 제자들의 발을 씻어 주는 모범적 생활교육(요 13 : 4-5)이 그 예이다.

⑫ 양심 반성법

간음한 여인을 돌로 치려고 몰려온 군중에게 양심의 가책을 느끼게 한 예(요 8 : 9)를 보면 그의 양심 반성 교육방법을 알 수 있다.

그리스도는 가르치신 일은 많으나 배우셨다는 기록은 별로 없다. 그러나 구약성경에 대한 지식이 능통하였고 가르치는 교수법도 권위가 있었다(마 7 : 28). 그러므로 예수께서 공생애 전에 많은 교육 받았음을 알 수 있다.

※ 예수님의 교육방법은 다양하지만 크게는 두가지로 요약 된다. 이는 오늘날의 교육방법의 두 가지인 연역법과 귀납법 적 교육방법이다.

연역법과 귀납법의 비교

방법	연 역 법	귀 납 법
1	리더가 중심	학생이 중심
2	증명의 논리	발견의 논리
3	일방적 의사소통	쌍방적 의사소통
4	지식 전달 위주	인격 변화 위주
5	적용이 취약	적용이 용이함
예	산상설교(마 5, 6, 7장)	니고데모 사마리아 여인과 대화(요 3, 4장)

3. 사도시대 교육방법

사도시대의 교육방법은 예수그리스도를 통하여 배우게 된
다. 교육방법의 실천이었다. 예수께서 공생애를 마치고 이 세
상을 떠나시기 전 제자들에게 **최후로 부탁하신 유언은** 복음
전파와 교육적 사명이다(마태 28 : 19-20, 요한 21 : 15-17, 사
도행정 1 : 5-8) 그리하여 사도들이 활동하여 세워진 교회는
교육을 중심으로 하여 세워진 것이다.

제자들도 모두 그리스도를 본받아 어디서든지 예수 그리스
도를 전하고 성경을 교육했다.

바울은 안디옥에서(사도행전 15장) 가르치고 베드로와 또
다른 제자들은 매일 회당에서 가르쳤다. 물론 성경을 교과서
로 쓰고 방법은 복음전도의 형식이었다. 제자중 12사도가 아
니면서 참된 사도가 된 바울은 개별적 전도방법을 썼다. 그는
기회있는 대로 편지로 또는 직접 면담으로 교육하였다. 그는
대중강연도 많이 하였다. 사도행전 17 : 16절은 아테네의 시민
에게 행한 연설은 유명한 것이다. 바울이 많이 쓴 방법은 대화
법이다. 그리고 이론과 토론에도 능했다.

크리소스톰(Chrysostom, 347~407, A.D)은 교부로서 감관
은 모든 것이 드나드는 문이므로 기 감관의 문을 지켜야 한다
고 하였다. 이를 위해서는 기독교 교육이 가장 중요하다고 주
장하였다.4)

성 어거스틴(Aurelius Augustinus, 354-430 AD)은 위대한
교부로서 학식이 매우 높았다. 어거스틴 이외에 모든 제자들
의 교육방법이 유대식이었으며 구약시대와 비슷하였고 그리
스도의 교육방법을 다는 못 따랐으나 복음적인 면만은 그대로

---

4) 반피득 "기독교교육" 동아출판사, 1961. p.31.

따랐다. 그리고 사도들이 복음을 위해서는 유대인들처럼 철저한 교육을 실시하여 학습 문답과 세례문답을 통하여 교육하였으나 속사도 교부들에서는 철학적방법과 신학적, 종교적 도덕적 방면에 치중하는 교육 방법이었다.

4. 중세(구교회)의 교육방법

중세교회는 사도이후 교부시대를 이어 받은 교육이었다. 중세기의 교회는 종교개혁시대 전시대로 구교회시대라 말하기도 한다. 그래서 본절에서는 구교회 교육방법이란 용어로 다루었다.

초대 교회 교육방법이 유대식이었는데 구교의 교육방법도 유대식과 유사하다. 성경주석적 방법이 있었고 또한 요리 문답의 암기적 방법이 있었다. 요리 문답식 방법이 처음에는 초신자를 위한 것으로 고안된 것이었으나 교세가 확장됨에 따라 기존 신자의 자녀들의 입교 문답으로 사용되어졌다. 초대 기독교 교육의 가정교육은 유대교육의 전통을 모방하였다. 교회의 예배는 교육과 종교적 설교를 포함하였고 학습교인들의 강의를 위하는 예배를 함께 실시하였으나 세례교인인 기성교회 교인을 위한 예배는 2부로서 성찬 예배를 따로 가졌다. 이를 구교에서 '미사피델리엄'이라고 불렀다.[5] 이렇게 학습 교인과 세례교인을 별도로 구분하는 일은 A.D. 550년 경부터는 없어졌는데 이것은 세례교인의 수가 많아지고 초신자는 적기 때문이다. 기성 교인이 많아지고 신입 교인 희망자는 줄어들었기 때문이다.

교인을 위한 교육이 유년 주일학교는 유명무실했고 장년 교

____
5) 미사는 천주교의 행사중하나인데 신교에서 행하는 성찬 예식같은 의식이다.

욷이 중심이었다.

장년 교육을 위한 문답학교는 2세기인 초대 교회에서 시작하여 계속 내려오고 있다.

구교의 교육방법 중에 한 가지 신비스런 것은 신조 주기도 세례 성찬 등의 신학적 종교적 해석이었다.

이외에 또한 교리학교가 있었는데 주후 179년에 헬라의 철학과 문화에 대항했던 교리 변증을 위한 고등교육 기관이었다. 구교 교육도 역시 학습문답이나 세례 또는 교리교육의 방법은 문답식이면서 친교를 도모하는 방법으로 썼으며 세례교인은 더욱 모든 학문을 익혀 지도자가 되게하는 것을 목적으로 하였다.

영국에서 성자라 일컬어졌던 안셀은(1033-1109)자기의 소신을 명백히 밝히며 말하기를 "알기 위하여 믿는다"고 말하고 "신앙을 통하여 지식에 도달할 것이라"고 하였다. 그는 합리적 변론으로 교회의 교리를 지지하며 이성으로 신앙을 변증하며 논리로 신학을 설명하는 방법을 썼다.[6]

구교는 대체적으로 교수법이 우수했다. 제슈잇 교단, 형제교단, 젠센교단 등 3개 교단의 교안과 교수법은 지금도 연구할 만한 가치가 있다. 형제 교단에서는 능력별 교수법을 사용하였다.[7]

젠센 교단에서는 교육에 있어서 사용하는 문자 명칭은 흔히 쓰고 있는 알파벳식이 아닌 표음식이다. 절대적으로 체벌은 엄금하고 경쟁법도 반대했다. 그리고 자발적 구발심을 권장하고 교사의 부단한 감시를 훈육방법으로 하였다.[8] 항상 학생의

---

6) 장석영 "기독교윤리와 사회제도' 대한기독교서회, 1956. p.202.
7) 이종수역 '현대교육사조' 을유문화사, 1953, p.46.
8) 이종수역, 상게서, p.47.

능력과 흥미에 적응하고 질문형식이면서도 상급은 강의형식
이었다. 복습을 철저히 시키고 학생 의욕을 자극시키는 방법
을 썼는데 이런 방법은 처음으로 시도된 것이다.9) 구교에서는
제슈잇 교단을 제외하고는 대체적으로 경쟁심을 이용하고 개
인재능에 적합하게 교육하였다.10)

중세시대에서 일반교육 방법의 변천은 인문주의 방법에서
새로운 사유의 방법으로 변천되었는데 그후 이어서 중산계급
의 정학교육을 중시하는 경향이 생겼다. 이러한 사유 방법은
코메니우스, 록, 룻소, 페스탈로치, 헤르바르트, 후로벨, 죤듀
이, 등에서 찾아볼 수 있다.11)

5. 개신교의 교육방법

중세교육에 반대하고 일어난 사람들이 개혁자들이다. 이 개
혁자들의 교육방법은 믿음으로 의롭다함을 받는다는 표현을
신앙 고백하게하는 방법이다. 누구나 통회자복할 수 있다고
보고 직접 하나님과 영적으로 교제할 수 있다고 교육한다. 그
리고 누구나 국민들을 교육시키는 방법을 채택한 것이다. 개
신교중에도 여러 가지 교육방법이 있었으나 몇가지를 종합적
으로 고찰해 보면 첫째로 인문주의적 교수법을 형성하기 시작
한 「씨세로주의」의 형식적 방법이 계속되었다. 그것은 성경을
읽을 때 의미를 이해하는 일보다 기억하는 방법이었다.12) 둘
째로 신교도들은 모두 교육문제연구에 깊은 의미를 느끼고 고

---

9) 상게서, p.45.
10) 상게서, p.48.
11) 한기언역 '교육사상사' 한국번역도서주식회사, 1957. pp.140-160.
12) 한기언, 상게서, p.37.

대의 교육고전을 연구하여 적용했다.[13] 셋째로 루터는 아동의 능력에 따라서 교재를 편성하고 상급학교는 가장 적당한 학생만 진학하게 하고 처벌은 개성에 따라 고려하되 가능한한 만류했다. 네째로 칼빈의 엄격한 신학적 교육을 들 수 있다. 종교적 방법으로 지나치게 기울어진 교육이 되어 실생활의 자유와 신앙의 자유가 없이 도리어 부자유스런 중에 아동교육이 실시된 것 같다.[14] 개신교의 교육방법을 요약하여 본다면 초등학교에서는 형식에만 의존하거나 무의미한 기억훈련에 치중하는 점이 많다. 중등학교에서는 씨세로주의의 방법이었다. 그러면서 종교적 주입식 교육방법을 쓴다. 엄격한 훈련은 구교 교육방법과 같다.[15] 「좀발트」의 비유를 들면 토마스는 피라밋형의 방법이고 루터는 원형의 방법이며 칼빈은 각기 자기가 직접 신에게 향하는 선의 행자로 비하여 교육의 형태를 평하였다.

루터는 심리적 심오한 중심에서 신앙에 의하여 의인화가 된다 하였는데 칼빈은 "하나님의 영광을 빛나게 하는 것"이 중심 관념이다. 칼빈은 특징적인 교의를 말했는데 그것은 선발된 교의(Doctrine Wall)이다. 이것은 예정의 교의로서 지금까지 신봉하고 있는 유명한 신조이다.[16]

이와같은 신학적 기초에서 교육을 볼때 그 방법적인 면에서 자연히 칼빈과 루터가 좋은 대조가 된다. 다음 항에서 간단히 대비시켜 보고자 한다.

---

13) 상게서, p.37.
14) 상게서, p.38.
15) 최문환, 근세사회사상사, 서울 : 백영사, 1954, p.83.
16) 상게서, p.86.

1) 루터의 교육이념과 방법

루터는 1521년에 대학 엘후르트(Erfurt)를 나올 때 인문주의와 루터의 종교개혁과 합치를 이룰때면 신기원의 새 교육이 시작될 것이라는 칭찬을 시인 헤서스(Eobanus Hesus)에게 들은 적이 있었다.[17]

루터는 계급이나 직업에 관계 없이 모든 층의 사람들에게 교육해야 한다는 교육체계를 가지고 교육사상에 큰 공헌을 하였다.[18] 이 결과 독일의 개신교회에서는 국립학교 제도를 확립케 하였던 것이다. 루터의 새롭고 넓은 교육이념은 루터를 현대국립학교 교육의 창설자라는 이름을 불리움을 받게 하였다. 루터는 교육은 국가의 복리향상을 도모한다고 주장하였는데 이런 종교가의 견해를 정부에서도 옳게 받아들여서 루터의 교육이념은 성공을 가져오게 된 것이다.[19] 그리고 국립학교 건설을 위해서 국민은 누구나 의무교육을 받도록 집권자들에게 권고하여 루터는 의무교육의 창시자가 된 것이다.

루터는 대학에서 인문주의자들의 언어학을 받아들여 나전어 희랍어 히브리어 둥둥을 교육하였다. 인문주의를 통하여 중세의 제도주의로부터 해방하고 종교적 기득권을 인간에게 부여하려고 하였다. 그는 정서를 함양하기 위하여 음악을 중시하였는데 음악은 신학 다음으로 신의 아름답고 귀중한 선물이라고 하였다.[20]루터는 전인교육을 강조하며 여러 각도에서 교육을 관찰하여 현대교육자 못지않게 선견적 이념을 갖고 있

---

17) 한기언 역, 교육사상사, p.159.
18) Eby, Frederick and charles Flinn Arrowood, The Development of Modern Education, New Your : prentice-Hall Inc, 1934. p. 99.
19) J. M. Price, Introduction to Religious Education, New York : The Macmillan, 1932, p. 84.
20) 한기언 역, 전세서, p.172.

있다. 그리고 루터의 교육이념은 신학사상에 기초한다. 하나님 중심이며 그리스도 중심이다. 성도의 교제와 복음전도를 위한 교인 양성을 통하여 천국시민 양성과 국가. 시민 양성으로도 개개인의 재능양성을 이념으로 하였다. 그리고 "모든 농촌이 도로와 교량을 위해서는 돈을 쓰지만 학교에 관해서는 왜 돈을 안쓰느냐 젊은이들의 교육이 얼마나 중대함을 알아야 한다."고 하였다.21) 세계는 교육받은 선량한 자녀가 필요하다. 복지시민의 지성과 덕에 의존하여 세계국민은 이루어진다고 말하고 부모는 자녀교육의 책임이 있고 정부는 교회 교육을 도와야 할 책임이 하나님께로부터 주어졌음을 알아야 한다고 하였다.22)

루터의 교육방법은 가정교육 종교교육적 측면에서 생각할 수 있다.

● 가정교육

교육학상 가정교육의 중요성을 남겨준 일은 불멸의 공헌이다. 가정교육은 부모를 통해서 종교교육을 실시하는데 예배와 성경 읽기와 찬송 신앙고백이다. 경건한 가정생활은 모든 생활의 원리이며 사회복지와 복된 나라 건설은 이에 기초한다고 보았다.23) 루터자신이 이상적 아버지로서 교육자적 전형을 보여 복음주의적인 기독교 교육의 귀감을 보였다.24) 가정에서는 죄인을 회개하도록 하고 하나님을 믿는 믿음으로 의롭게 되도록 훈계하며 계속 그를 은총의 상태에 보존하는 말씀의 교육

---

21) Stewart, D.G. Christian Education and Evangelism, Philadelphia : The Westminster Press, 1963, p. 313.
22) Ibid. p.314.
23) 김이열 역, 세사녀지도접(Ellen. G. White, Child Guidance)
24) 지원용, 루터의 사상, 서울 : 컨콜디아사, 1961, p.20.

은 가정의 부모가 담당해야 한다고 하였다.

● 학교 교육

부모는 자녀교육의 첫째 교사이고, 다음으로 학교 교육이다. 그는 의무교육제도의 기초를 닦았다. 루터는 교육의 가치를 종교와 동일한 위치에 두었다. 교육과 설교가 조금도 다를 것이 없다고 하였다.[25] 교육의 과업은 하나님을 아는 지식과 거룩한 복음으로 다른 사람들을 가르치고 그들에게 봉사하는 것이다.[26] 학교의 학과목을 종교, 고전어, 역사, 음악, 수학, 자연과학 등으로 하여 현대의 과학적 교육방법의 기초를 쌓았다.[27] 학교 교육도 그리스도 중심적인 생활방법을 장려하는 것이라고 하였다. 하나님은 그리스도를 통해서만 들으시고 사람도 그리스도 안에서 하나님을 찾아야 한다고 하며 그리스도교적 학교 교육을 주장하였다. 학교 교육에서는 또한 어학교육을 강조하고 모국어 성서공부를 할 수 있도록 방법을 썼다.

● 종교교육

루터는 "성서교육을 안하는 학교의 정문을 지옥문"이라고까지 말하였다.[28] 종교를 통하여 성도의 교제 회중집합하는 공동체를 형성하는 교육에[29] 힘쓰고 사회적 생활의 훈련을 쌓는다. 성서를 교육하고 그리스도를 알며 교회생활에 봉사를 하되 사회와 국가를 위하여 일하는 역군을 양성할 것을 그 종교교육의 방법으로 삼았다. 루터는 개인이 그리스도에게 나아가

---

25) Misawa Tadasu, Modern Educators and Their Idials, New York : D appleton & Company, 1909, p. 9.
26) 지원용, 전게서, p.190.
27) 지원용, 마틴루터, 서울 : 컨콜디아사, 1960. pp.36-43.
28) 상게서. p.146.
29) 지원용, 루터의 종교개혁, 서울 : 컨콜디아사, 1972,p.201.

므로 의롭게 되어 죄인이라도 의인이 된다고 본 것은 개성존
중사상의 한 표현이다.[30] 그리하여 그는 개인의 내면생활을
중시하여 종교생활에서 중생함을 중요 교육방법으로 삼았다.
[31]

2) 칼빈의 교육방법

칼빈은(Calvin, A.D. 1509-1564) 프란시스 1세가 1935년에
추방된 불란서 신교도들 중의 한 사람이다.

루터의 위덴베르크 종교개혁은 칼빈에게도 영향을 주었다.
그는 천주교 교리를 공격만 하는데 그치지 않고 루터가 못다
한 조직 원리원칙 학과과정 등의 결함을 완성시켰다. 그는 루
터와 같이 로마 교황이나 성당보다도 성경의 절대성을 주장하
였다. 칼빈의 교육은 사회적 윤리적 각성을 일으키고 이것은
교회의 교리와 실천에 있어서 많은 자극을 주었다. 계시주장
을 이때부터 하게 되었다는데 이것은 개개인이 모두가 성경해
석의 자유가 있다고 보았고 누구나 계시를 받을 권리가 있음
을 믿기 때문이라고 하였다.

그의 종교적교육 방법은 설교를 통한 교육방법이다. 성경 설
명의 교수방식이며 성경 중심의 강의식 설교를 하였다. 실제생
활에 종교적 신앙적 생활과의 관련성을 설교를 통하여 교육하
는 방법이었다.[32] 칼빈은 언제나 주입식 교육을 실시하였고 질
의법 응답법 등의 교육방법도 병행하였다. 다음으로 단계적인
교수법을 사용하였는데[33] 이것이 학급 편성법에 의한 교육이었다.

---

30) 강성위역, 카토릭사상사, 서울 : 대조사, 1968, p.178.
31) 상게서, p.179.
32) 한경직, 목회자로서의 칼빈, 서울 : 한국칼빈신학연구회,(칼빈서거 400주년 기념
　　논문집) 1965, p.26.

학교에서는 항상 교사의 권위를 존중하고 질적 향상을 힘쓰며 교사의 사상적인 순수성을 고조하였다. 칼빈도 역시 의무교육을 강력히 주장햐였다. "자녀를 학교에 보내기를 꺼려하는 부모는 시민권을 박탈하는 벌을 가하라"고도[34] 하였다. 칼빈은 사회적 관심이 컸다. 성경이 제시하는 인간의 문화적 사명에 대하여 많이 강조하였다. 칼빈의 [35] 사회 교육 이론중에서 특이한 것은 직업교육 분야이다.

인간은 누구나 하나님께 소명을 받고 거기에 맞추어 직업을 갖게 되는 것이라고 주장하며 생활의 안정과 확신적 직업수행으로 우주적인 혼란을 막게 된다고 하였다. 직업에는 어떤 차이가 있는 것이 아니라 일반 노동의 가치를 부여하였으며 오히려 그것으로 하나님의 영광을 나타낸다고 보았다.[36] 칼빈의 직업교육은 하나님께로부터 받은 청지기 직분임을 알게 하는 것이다. 그러므로 충성스럽게 사명완수를 다해야 함이 지상명령이요 과제인 것이다. 이와 같이 소명으로서의 직업관을 갖고 일하는데서 감사 감은의 마음이 생기는 것이다.

하나님의 소명은 받는 것 자체가 영광이기 때문이다. 어거스틴은 노동은 비록 유용하기는 하나 그 자체가 하나님의 형벌이라고 하였으니 여기 비하면 칼빈의 사회 교육20

관과 그 직업교육의 방법은 차원이 높은 것이라고 할 수 있다. 칼빈은 역사와 일반교육 역사상 빛나는 업적을 남겨 사회적 발전과 국가적 번영에 공헌하였다.

---

33) 이영회, 루터와 칼빈의 교육사상 비교, (연세대학교 교육대학원석사학위논문) 1970. p.57.
34) 전경연, 칼빈생애와 그 신학사상, 서울 : 신교출판사, 1970. p.27.
35) 한칠하 신복윤, 기독교강요, 서울 : 생명의 말씀사, 1954. p.82.
36) 김의환, "칼빈의 사회관" 신학지남, (1971. 38권. 3 · 4집) 9. 81.

제 **6** 장
예수님의 교육방법

　제2장에서 가장 위대한 교사는 예수그리스도라고 언급한 바가 있다. 예수님 자신도 자신을 선생이라 말씀하시는데 주저하지 않으셨다. 자신이 직접 선생이라 자칭한 것도 29회나 된다. 그리고 복음서에 예수님의 칭호를 선생이라 언급한 것도 45회나 된다. 또한 기독교 교육의 핵심이 예수그리스도이시다. 우리가 가장 본 보고 따라가야 할 교육방법도 당연히 예수님의 교육방법인 것이다. 그래서 본 장 에서는 예수님의 교육방법만올 구체적으로 언급하고자 한다. 본장의 내용은 헤르만 하렐 호온(Herman Harrel Horne)의 저서 "Teaching Techniques of Jesus"(예수님의 교육방법론)에서 발췌하여 요약하였음을 밝혀두는 바이다.

1. 예수님의 교육에서 실물이용법*
(HiS : An Object Lesson In Teaching)

진행방법 :
앞으로 교육에 있어서 하나의 원리(Principle)를 제시하고, 그것에 대한 구체적인 실례를 예수님의 사역속에서 찾아보기로 하자.

주　　제 :
예수님께서 사마리아 여인을 가르치는 방법

A) 교사, 학생, 주위환경, 주제, 교육목표, 그리고 교육방법
　　등을 골고루 갖춘 완벽한 교육환경이다.

★ Herman. H. hone "teaching technigues of Jesus"에서 발췌함.

　　　○ 예수님 자신　　　　　: 교사
　　　○ 사마리아 여인　　　　: 학생
　　　○ 야곱의 우물　　　　　: **주위환경**
　　　○ 생수　　　　　　　　　: 주제 가운데 하나
　　　○ 하나의 삶이 변혁되는 것 : 목표

B) 교사되신 예수님께서는 그 때 벌어진 **상황**(occasion) 바로 그것을 그대로 활용하셨다.

C) 접촉점을 만드심

D) 예수님께서는 처음부터 사마리아 여인의 주의와 **흥미**를 손에 쥐셨다. 그는 "경이케 만드는 능력(surprise power)을 활용 —— 유대인이었음에도 불구하고 사마리아인이었던 여인에게 말을 건네셨다.

E) 예수님께서는 대화의 방법을 사용된다.

F) 예수님께서는 비록 이 사건으로 해서 그 성읍에서 이틀간을 유하시며 무리들을 상대로 가르치실 길이 열리긴 했지만, 적어도 여기서는 한 개인을 상대하여 가르치고 계셨다.

G) 짧은 시간내에 죄인인 한 여인과 더불어 나누신 몇마디의 간단한 대화로써 개인적인 교제의 원리를 실제로 들어 보이시고 계시며, 제자들은 이것에 크게 놀라게 하셨다.

H) 이 가르침의 기저(基低)에 깔린 몇가지 문제점들을 살펴보면 :

　첫째 : 그 여자의 생활에 대한 개인적인 문제 예수님의 목표는 그녀의 양심을 일깨우는 데 있었다.

　둘째 : 신학적인 문제 즉 하나님은 어디서 예배해야만 하는가라는 문제 —— 그녀는 이 문제를 개인적

인 문제로부터 주의를 돌리기 위해서 끄집어낸 것같이 보인다. 그러나 "신령과 진정으로 예배할 지니라"라는 예수님의 대답은 개인적인 문제를 다시 끄집어 내고 있다.

I) 하나님의 성품과 예배의 성격에 대한 예수님의 대답은 아마도 한 사람의 청중과 더불어 나누신 개인적인 강화의 핵으로 생각되기에 충분할 정도의 길이를 갖고 있는 것 같다.

J) 물에 대한 이야기속에서 "생수"에 대한 이야기로 넘어 감에는 이미 가진 지식을 통해서 새로운 경험을 해석하는 유화법이 사용된 것이다.

K) 구체적인 것(concrete)을 사용하시는 예수님의 방법은 "마실 물", "이 물", "네 남편", "남편 다섯", "이 산", "예루살렘", "내가 그로라"등의 말에서 잘 나타나고 있다. 야곱의 우물에서 그 구체적인 물이 추상적인 생수를 예증하기 위하여 사용되고 있다.

L) 사람이 한 번 마신 뒤에 다시금 목마르게 되는 "이 물"과 한번 마시면 영원히 목마르지 않게 되는 생수 사이속에는 그가 사용하신 대조법이 나타나고 있다(13절, 14절). 또는 사마리아인들이 알지 못하는 가운데 드리는 예배와 유대인들이 아는 가운데 드리는 예배상의 차이는 대조 속에서도 잘 나타나고 있다(22절).

M) 예수님께서 동기를 사용하셨다는 것은 맨 처음에는 흥미를 각성(물)을, 그리고 나서는 양심의 각성(남편)을, 마지막으로 예배에 대한 각성(참된 예배)을 말씀하셨다는 것 속에 잘 나타나 있다.

N) 예수님께서는 이 사마리아 여인으로부터 첫째로는 말씀

속에서, 그 다음에는 행동 속에서 말씀하시고자 하는 표
현을 지켜내셨다.

O) 교사로서의 예수님이 지니신 몇 가지 독특한 특성들이
이 사건 속에서 나타나고 있다.
   O 당시의 보수성을 과감히 무시하심
   O 거짓으로 가장된 겸손이 전혀 엿보이지 않는다는 점
   O 자기의 학생에 대한 아주 깊숙한 이해와 지식
   O 자신의 주제—하나님의 영적인 성품에 대한 철두철
      미한 지식
      가르치시는 능력이 나타나 보이심
      자기자신에 대한 확고한 주장 등

공중에 나는 새를 보라. 들의 백합화를 보라(마6 : 25~34)

한 개별적인 가르침의 사건을 일반적인 그 원리들의 빛 아
래서 연구하거나 아니면 하나의 사건속에 나타나 있는 한 가
지 원리를 여러 가지 실제적인 가르침의 사건들이 주는 빛 아
래서 연구하여 보면 더욱 유익이 되지 않겠는가?

전자의 경우에 있어서는 우리가 사건과 사건을 생각하면서
넘어갈 때에 여러 가지 원리들이 반복되어 나타날 것이다. 그
리고 후자의 경우에 있어서는, 우리가 원리와 원리를 생각하
며 지나갈 때에 같은 사건들에 대한 동일한 참고자료들이 반
복되어 나타날 것이다. 이것들 가운데 이 책이 주로 채용하여
추구하고 있는 방법은 어느 것이겠는가? 니고데모와의 대화를
채택하여 위에서 열거한 것과 비슷한 결과가 나오도록 노력하
면서 그 일을 완성시켜 보라.

2. 예수님의 주의법
(How Did jesus Secure Attention?)

어떤 사람이 다른 사람의 마음을 향해 어떤 이유를 만들어 서라도 접근하고자 할 때에 가장 먼저 해야할 일은 그 사람의 주의를 끄는 일이다. 대개 사람들의 교제에 있어서 이 일은 말, 몸짓 또는 툭 치는 일로서 되어진다.

예수님께서는 어떻게 그 당시 사람들의 주의와 우리가 여기에 덧붙여 말하자면 모든 세대의 사람들의 주의를 그토록 사로잡으실 수 있었던가? 이유는 간단하다. 그는 바로 세계의 교사이셨기 때문이다.

사람들이 예수님께 쏟았던 주의는 어떤 종류의 것이었던가?

주의   ┌ (1) 의식적인 주의
           ○노력을 기울여 주의함

      (2) 무의식적인 주의
           ○노력하고자 하는 의식이 없이 기울여지는 주의
           ○흥미를 느껴 기울여지는 주의

이 도표는 우리에게 주로 두 가지 종류의 주의에 대해 보여준다.

하나는 노력을 기울여서 쏟는 <의식적인 주의>이다. 그 이유는 주목하고자 하는 그 대상이 그 자체에 있어서는 별로 흥미를 끌지 못하는 것이지만 매우 중요하게 생각하게 되기 때문에 억지로 주목하는 그런 종류의 주의이다. 의식적인 주의는 부주의하는 데서 오는 결과에 대한 공포심에서 기인되기도 한다.

Ex) 한 소년이 곱셈공식에 기울이는 주의

다른 하나는 <무의식인 주제>인데 이는 그 자체가 대단히 흥미로운 대상에 대해 별로의 의식적인 노력을 기울임 없이도 주어지는 주의이다. 그것은 사람으로 하여금 상당한 열심을 내도록 만들지만 그 사람은 별로 힘들다는 생각을 하지 않고 그렇게 할 수 있는 그런 종류의 주의이다.

Ex) 재미있는 소설을 밤늦게까지 읽을 수 있게 되는 것

예수님께서 사람들에게 받으셨던 주의가 어떤 종류의 것이었던가를 생각해 보라. 예수님께서는 두 가지 종류의 주의를 모두 받으셨다. 자진해서 머물러 있던 제자들은 무의식적으로 참여하고 있었다. 그러나 자진하여 기쁨으로 하지 않은 청중들과 비판자들은 그들이 예수님의 말씀을 순종하기 위해서가 아니라 그의 말 가운데서 꼬리를 잡아 올무에 얽어매려고 그의 말씀을 듣는 의식적인 주의를 기울이고 있었다.

이제 예수님께서는 어떻게 사람들의 주의를 계속 확보하셨던가에 대해 알아보자. 예수님께 있어서 그것은 별로 큰 문제가 아니었다. 예수님께서는 사람들의 주의를 다음과 같이 두 가지 이유에서 계속 확보하고 계실 수 있었다.

첫째는 예수님께는 사람들의 흥미를 찾아낼 수 있는 많은 일들이 있었음이며

둘째는 주의를 끄는 방법을 예수님께서 알고 계셨음이다.

(예를 들어 "들으라", "다 들을지어다", "보라", "귀를 기울일 지어다")

예수님께서는 결코 겉치례의 포우즈를 취한신 적이 없지만 자세는 자주 활용 하셨다.(예를 들어 산에 올라가 앉으시니, 배위에 앉으시어…)

예수님께서는 구체적이며 회화적이고 상상을 풍부히 불러 일으키는 언어를 사용하심으로써 오늘날 영화가 그렇게 하는 것과 같이 손쉽게 주의를 획득하시고 또 그것을 계속해서 확보하곤 하셨다.(예를 들어 "사람을 낚는 어부"…)

예수님께서는 생소한 일을 설명하심에 있어 친숙한 것들을 사용하시곤 하셨다.(예를 들어 "새 술을 낡은 부대에 넣지 않는 것과 같다…)

예수님께서 가르치심에 있어서 한 가지 점에 머물러 지나치게 강조하시는 일을 하지 않으신다. 오히려 그는 일반적인 주제 속에서 하나에서 다른 하나로 신속하게 넘어가고 계신다.(예를 들어 "산상보훈의 팔복복음", "잃은 양의 비유", "잃어버린 동전의 비유", "탕자의 비유"…)

또한 예수님께서는 그의 가르치심이 서기관들의 그것과 너무도 달랐기 때문에 주의를 끄셨던 것이다.(마7 : 29)

우리는 예수님께서 그가 주의를 기울이셨기 때문에 그와 같은 주의를 또한 받으셨던 것이라고 말할 수도 있다. 그는 사람들이 행하고 말하는 것들과 그들의 필요들을 살피셨으며 또 그것들에 깊은 관심을 갖고 계셨다.

그리고 사람들은 예수님께서 하나의 걸어서 순회하며 가르치시는 교사이셨기 때문에 그에게 주의를 기울였다. 예수님께서는 그가 이곳에서 저곳으로 여행하신 가운데 가르치시곤 했다.

그러나 예수님께서 사람들의 주의를 획득하셨던 주된 요인은 우리가 보통 인격적인 매력이라고 부르는 아주 복잡한 것

(complex thing) 때문이었다. 사람들의 주의를 그토록 끌어당긴 것은 바로 예수님이 지니신 인격이었다는 말이다. 하지만 예수님께서는 사람들의 주의를 끌기 위하여 의식적이고 의도적으로 이 모든 일들을 행하고 또 말씀하시며 지내셨던 것이 아니었다. 아마도 예수님께 있어서 사람들의 주의를 끌고 또 그것을 계속 확보하는 일은 거의 아무런 문제도 되지 않았을 것이다.

예수님께서는 보다 보잘것없는 교사들이 목적하에 행해야만 하는 주의를 끄는 그와 같은 작업들을 그저 단순하고도 자연스럽게 행하셨다. 그러므로 우리는 예수님을 우리들의 무의식적인 모델로서 신중하게 모방해야만 한다.

베드로, 안드레, 야고보, 요한, 그리고 그 외의 다른 제자들은 예수님께 깊은 관심을 기울이고 있었다. 이 관심이 그들의 삶에 지대한 영향을 미쳤다. 이러한 관심은 그들의 삶을 약화시키며 허약하게 만들지 아니했다. 그들의 삶이 교육을 받아 연단된 것은 오로지 어렵고, 그들이 기꺼이 응할 수 없었던 사역을 통해서 그렇게 되었던 것이다. 그들의 교육과 연단에는 힘드는 것뿐만이 아니라 보다 고도의 관심을 끌어당기는 교육이었다. 예수님께서는 그와 같이 그의 제자들을 교육하시기 위해 그들에게 부담되는 중한 임무들을 부여하셨다. 주일학교 교사들은 흥미속에 수행되는 "부드러운 교수법"(Soft pedagogy)과 노력과 훈련으로 진행되는 "어려운 교수법" (hard ped-agogy)에 대한 작금의 논의들을 회상하여 보도록 해야 한다.

예수님의 교수법은 단지 흥미위주의 교수법이 아니었다. 그리고 그것은 또한 단지 어렵고 힘드는 노력과 훈련으로 되어지는 교수법 일변도의 것도 아니었다. 예수님의 교수법은 흥미를 통하여 노력을 하는대로 나아가는 혼합식 교수법(the Combined Pedagogy of Effort Throught Interest)이었다.

3. 예수님의 접촉법(His Point of Contact)

교사와 학생 사이에 접촉점이 마련되어야 한다는 사실은 교육이 효과적으로 되어지는 데 있어서 매우 필수적인 것이다. 교육에 있어서의 "접촉점"(point of contact)이란 말이 뜻하는 것은 어떻게 교사와 학생의 마음과 마음이 만나는 공통의 광장들에서 만나게 되느냐 하는 것이다. 마음과 마음은 마치 우리가 물질적인 세계속에서 서로 "사귀는 것"과 마찬가지로 정신 세계 속에서 서로의 접촉점을 갖고 있다. 대개 이 접촉점은 공통의 관심사이거나 아니면 이익이 일치하는 곳에 있곤 한다. 접촉점을 마련하는 사람은 상대방을 너무도 잘 알고 있거나 사고방식에 있어서 너무도 같기 때문에 상대방의 처지로부터 그 상대방을 쉽사리 파악하곤 한다.

이 일을 행함에는 교사측이 지닌 적응성(adaptability)과 기교가 포함된다.

모든 사상적 교류가 열림에 있어서 그와 같은 정신적 합류의 장소가 필수적으로 요구된다는 사실은 너무도 분명하다.

정신적으로 함께 만나게 되는 가장 공통적인 방법들 가운데는 이야기를 통하는 방법과 사건을 통하는 방법 또는 한 마디의 유모어를 통하는 방법 등이 있다. 가장 좋은 방법 가운데 하나가 함께 노는(Play together) 방법이다.

예수님께서 접촉함을 마련하신 방법 : (요1 : 35-51)

1. 예수님께서는 자신의 존재가 세례요한에 의해서 주목되는 곳을 다니고 계셨다.

2. 예수님께서는 그의 눈을 사용하셨다.

3. 예수님께서는 그 두 사람에게와 시몬, 베드로, 빌립, 나다니엘 등과 더불어 말씀을 나누셨다.

4. 예수님께서는 그들에게 질문을 던지셨다.("무엇을 구하느뇨?"…)

5. 예수님께서는 친하시고자 교제를 청하셨다("와 보라."…)

6. 그는 이름이 갖는 힘을 활용하셨다. 더군다나 예수님께서는 이름을 다루시는 가운데 일종의 유모어 감각을 가지고 그것을 용납될 수 있는 방법 속에서 개인적으로 바꾸어 부르시기도 하셨다.

7. 예수님께서는 사람의 특성을 파악하시고 그가 파악하신 바를 드러내 보이셨다(요1 : 47)

이제 예수님께서 만드셨던 접촉들의 주된 양상들을 종합하여 보자. 여러분은 그러한 접촉을 많이 경험했는가? 결국 그 중에 어떤 것들이 우리가 행할 수 없는 것들이겠는가? 결국 우리에게 요구되는 전부란 의지와 기술인 것이다. 우리는 앞으로 어떤 기존의 의식으로부터 새로운 사실을 파악해 나가는 방식인 "유화"(Apperception)를 생각하게 될 때에, 이미 우리가 설정해 놓은 정신적인 관계를 계속 유지시켜 나가는 방법을 알게 될 것이다.

4. 예수님의 교육목표(His Aims)

참된 교사는 반드시 전략(strategy)과 기술(technics)을 모두 지녀야만 한다. 즉 참된 교사는 목표와 그 목표를 성취시켜 기 위한 수단을 갖고 있어야 한다는 말이다. 전략이 없다면 전술들이 목표를 갖지 못하며, 전술이 없이는 전략이 성취시킬 수단이 도무지 없다는 말이다.

우리는 위대한 교사되신 예수님께서 가지셨던 목적이 어떤 것들이었나를 알아보자.

1. 아버지의 뜻과 일을 행하는 것이다(요4 : 34)
2. 메시야로서 사람들에게 받아들여지는 것이다(마16 : 15)
3. 사람들 가운데서 제자들을 얻어 그들을 자신의 증인으로 서 훈련시키는 것이다. 그래서 예수님께서는 많은 사람들 을 부르셨으며, 그들 가운데 몇을 사도로 택하셨으며, 그 들을 둘씩 둘식 파송하시기도 하셨으며, 그들에게 이렇게 말씀하셨다.(너희는 나의 증인이라)
4. 형식적인 종교를 실질적인 종교로 바꾸시는 것이다.(마6 : 6)
5. 율법을 사회적 정의가 편만한 새로운 세계적인 나라 (universal kingdom)속에서 성취하는 것이다.(마 5 : 17)
6. 생명의 길을 모범으로 보여주시고 또 교훈을 통하여 가르 치시는 것이다.
7. 사람들의 믿음과 소망을 활성화시키시는 것이다. 예수님 께서는 세례요한의 회개의 복음에다 다음과 같은 명령을 덧붙이셨다.(복음을 믿어라)
8. 인종적인 차별의 구속을 깨트리시는 것이다. 그는 대낮에 사마리아 여인과 더불어 말씀을 나누셨다. 예수님께서는

그의 이야기들 가운데 하나에서 사마리아인을 모범적인 이웃으로 말씀하셨다.

9. 어두움의 일들을 멸하시는 것이다. 이러한 이유에서 예수님께서는 하나님의 손가락으로서 귀신들을 쫓아내시며, 병들을 고치시며, 모든 종류의 고통을 풀어주시며, 그의 제자들에게 마귀를 다스리는 권세와 능력을 주시었다.

위에 주어진 교육목표들에 대한 이야기는 예수님 자신의 가르치심에서 뽑아낸 것이다. 우리가 이 문제를 다른 각도에서 접근한다고 한번 가정하여 보자.

만일 교사가 현대교육사상을 다소간 잘 알고 있다면, 오늘날의 사상가들이 제시하여 공식화시킬 수 있는 교육목표들의 목록을 한번 작성해 보도록 하자.

그리고 나서 이 목표들이 예수님께서 행하신 것들과 말씀들 속에서 나타나고 있는 범위에 대하여 생각해 보자.

[현대 교육 목표]
1. 건전한 신체의 발달
2. 건전한 성격의 형성
3. 감정의 순화
4. 지적인 정보제공과 지적인 장비를 준비케 함
5. 선량한 시민으로 훈련시킴
6. 창조적인 기술의 함양
7. 삶을 그것의 근원과 목표에 연관성을 갖도록 함

위에서 열거한 내용들이 종합적인 것이라는 것은 사실이다. 아마도 이것들 전부가 현대의 교육이론(educational theory)

에 관한 책들에서 모두 발견되지는 않을지도 모르겠다. 특히 3
항과 7항은 거의 흔히 무시되는 항목들이다. 그러나 그것은 교
육자들이 오늘날 교육의 목표들에 관해서 생각하고 있는 것에
대한 거의 완벽한 모습을 우리에게 보여주고 있다.

이제 교사들은 스스로에게 이렇게 물어보라. 교사로서의 예
수의 사역 가운데 이 목표들이 어느 정도 나타나고 있는가?

1. 예수님께서는 사람들의 육체를 고치시고 그들로 온전케
   만드셨다.
2. 예수님께서는 가장 높은 수준의 도덕적 성격의 기준들을
   가르치셨고 또 그렇게 사셨다.
3. 예수님께서는 자연의 아름다음을 지적해 보이셨다.
4. 예수님께서는 윤리적인 진리와 영적인 진리 모두 가르치
   셨으며 그의 제자들의 지성도 역시 훈련시키셨다.
5. 예수님께서는 자신이 한 사람의 선량한 시민이셨으며 세
   속적인 권세에 복종하라고 가르치셨다.
6. 예수님 자신이 목수이셨으며 또한 경제적인 덕들을 밝히
   가르치셨다.
7. 예수님께서는 그 자신이 그 아들이셨으며 바로 그 자신이
   영적으로 변화한 생명이셨다.

그리고 이제 우리는 예수님께서 현대의 교육자들이 역설하
는 바 완전한 교육은 일곱 개의 국면들, 즉 신체적, 도덕적, 미
학적, 지적, 사회적, 직업적인 국면과 영적인 국면을 가져야 한
다는 것을 실제로 행하셨던 것을 볼 수 있다. 우리의 위대하신
교사이신 예수님께서는 실제와 이론에 있어서 모두 오래 전에
우리의 현대 교육학의 기준들을 이미 설정하셨었다.

E. 예수님의 문제이용법(His use of problems)

문제란 무엇인가?

헬라어에서의 문제라는 말은 마음 앞에 던져진 어떤 것을 의미한다. 그것은 마음 앞에 던져져서 해결이 제시될 수 있다면 가능한 한 해결점을 찾도록 요구하는 것이다.

많은 문제들이 우리의 경험으로부터 즉시 즉시 돌출하며 그것에 대한 해결법들은 우리의 일상적 행동에 영향을 주곤 한다. 이러한 문제들은 성격상 매우 실제적인(practical) 것들이다. 그리고 또 다른 문제들은 이성으로부터 이성 그 자체에게 제시되며, 이와 같은 문제들은 여간해서 해결하기 어렵거나 거의 불가능한 것들이 많다. 그리고 또 다른 문제들은 이성으로부터 이성 불가능한 것들이 많다. 그리고 만일 해결에 도달한다 하더라도 그것은 인간 삶에 그다지 큰 영향을 미치지 못하거나 아니면 거의 영향을 주지 못한다. 이런 문제들을 가리켜 이론적인 문제들이라고 부른다.

문제의 해결이 삶의 행동에 영향을 미치는 문제들이 있는데, 우리는 이것을 실제적인 문제라고 할 수가 있다. 그리고 삶의 행동에 미치지 않는 문제들이 있는데 이것은 이론적인 문제라고 부를 수 있다. 그리고 자유의지(free will)의 문제처럼 그 문제에 대한 해답이 이론적인 것이지만 그것의 적용은 실제적인 그와 같은 문제들도 있다.

우리는 믿음이 마치 진리인 이론처럼 움직이고 있다고 말할 수 있을 것이다. 이론적인 문제의 해결이 마치 무선통신이 해상사고 때에 생명을 구하는 것을 돕는 것처럼 전혀 예기치 않았던 방법으로 실제적인 것이 되는 것을 또한 볼 수 있다.

문제를 직면하는 것에서부터 진정한 사유(thinking)가 시작된다. 어렵다는 생각이 없다면 사유는 오직 생각하는 모양만 있을 뿐이다. 생각하는 것이란 무엇인가에 대하여 생각하는 것이다. 그리고 문제에 대한 사유만이 진정한 사고를 불러일으킨다.

예수님께서 문제의 방법을 사용하셨는가? 그레비스(Graves)는 두 페이지에 달하는 "예수님께서 제자들과 더불어 제시된 문제들을 사용하심"이라는 항목에 대하여 쓰면서 다음과 같이 말하고 있다 : "예수님께서는 다른 모든 위대한 교사들과 마찬가지로 진정한 사유문제에 직면하는 것에서부터 시작된다고 생각하셨다."

예수님게서 문제의 방법들을 사용하셨는지 아닌지를 알아보기 위해 예수님께서 자신에게 가져왔던 문제들을 가르치셨던 사람들의 목록을 작성하여 보자.

이것을 간단하게 하기 위해서는 병고침을 구했던 경우들은 생략할 수도 있을 것이다. 우리는 이를 위해서 가장 오래된 것이지만 또한 가장 짧은 복음서인 마가복음을 활용(utilize)할 수 있을 것이다.

(막 2 : 7, 16, 18, 24, 3 : 22, 6 : 2, 3, 7 : 5, 8 : 11, 9 : 11, 34…)

의심할 나위없이 분명히 문제들을 담고 있는 다른 구절들이 이것들 이상으로 마가복음에서 뽑아질 수 있는 것이다. 예수님께서 여기에서 직면하시고 계신 문제들은 거의 자기 자신이 택하신 것들이 아니라 대개가 예수님께 가져와 제시된 것들로서, 이 문제들은 대개 그것을 가져온 자들에게 있어서는 가장 중요한 문제로 생각되는 것들이었음을 주목해야 한다.

예수님께서는 사람들의 도덕적인 필요들과 종교적인 필요들을 채우셨으며, 또 그들로 하여금 풍성한 삶속에서 모든 그들의 필요에 대한 만족을 발견할 수 있도록 영감을 주시었다.
 만일 우리가 사람들을 그들의 문제들과 필요들에 근거하여 만난다면, 그것이 우리가 하고자 하는 일에 어떠한 차이를 만들어낼 것인지를 생각해 보도록 하자.

6. 예수님의 대화법(His Conversations)

 예수님의 대화를 공부하기 위하여 워싱턴 그라든(Washington Gladden)이 쓴 "훌륭한 대화가 갖는 특성들(Qualities of Good Conversation)이라는 글을 제시해 보이겠다.

 ※훌륭한 대화가 갖는 특성들
 정치(politics)에 있어서나 종교에 있어서, 그리고 인생을 살아가는 문제에 있어서 제기되는 여러 가지 문제들은 공식적인 연설에 의해서보다 아주 친숙한 담화에 의해서 훨씬 자주 바꾸어지곤 한다. 그러나 대화란 단지 실용적인 기교에 그치는 것이 아니다. 그것은 하나의 예술이다.
 "훌륭한 대화자가 되는 데는 다음과 같이 꼭 빼놓을 수 없는 특성이 갖추어져야만 한다."
 첫째 것은 훌륭한 정신이며, 또 하나는 훌륭한 마음이다.
 훌륭한 정신에는 선천적인 능력과, 지성과, 훈련이 내포되어 있다.
 훌륭한 마음에는 훌륭한 기질과, 관대한 성품과, 솔직성과, 동정심과 열정과 진지함과 겸손 등 일곱 가지가 내포되어 있다.
 그리고 훌륭한 대화자는 말을 잘할 수 있는 사람인 동시에 잘 들을 수도 있는 사람이어야 한다.

그럼 여기서 그라든 박사가 발견한 것들을 예수님의 대화들에 적용(apply)시켜 보자. 예수님의 대화들은 **훌륭한** 정신을 나타내 보여주고 있다. 그리고 그것들은 **훌륭한** 마음을 나타내 보여주고 있다. 또 정신에 대한 훈련 역시 소상히 나타내 보여주고 있다. **훌륭한** 기질, 관대한 성품, 솔직성, 동정심, 열정, 진지성, 겸손등이 나타나 있다.

마가복음 10, 11, 12장을 통해 예수님의 대화들이 다음과 같은 특성들을 지녔는지 알아보자.

※예수님의 대화 특성
 1) 간략하다.(마4 : 4, 9 : 29, 요5 : 5, 막8 : 23)
 2) 의미심장하다.
 3) 둘러대어 말하는 불분명한 것이 아니라 너무도 직설적이고 분명하다.
 4) 인격적이다.
 5) 상대방에 따라 차이를 두고 있다.
 6) 교훈적이며, 의사소통이 활발하다.
 7) 눈길을 사용하시어 목적을 달성한다.(막10 : 17)
 8) 반응적이다.
 9) 용감하다.
10) 책망하는 것이 있다.
11) 경이적이다.(막12 : 17)
12) 친밀하다.
13) 평판을 불러 일으켰다.(막12 : 34)
14) 기쁨을 주는 동시에 통렬한 아픔을 주기도 한다.(막12 : 37, 10 : 22)

15) 독백일 때도 있고 대화일 때도 있다. 주심과 취하심이
    병행하고 있다.
16) 너무도 눈치와 재치가 빠르다.
17) 비타협적이다.
18) 고결하다.
19) 친구를 만드는 동시에 원수도 만든다.(막12 : 12)
20) 고무적이다.

7. 예수님의 질문법(His Questions)

예수님의 질문 가운데 어떤 것들이 있는지 사복음서에 기록
된 수백여 개가 넘는 각기 상이한 질문 가운데 몇개를 살펴보
자.
"네가 낫고자 하느냐?"(요 5 : 6)
"너희는 세상의 소금이니 소금이 만일 그 맛을 잃으면 무엇
으로 짜게 하리요?"(마5 : 13)
"이 여자를 보느냐?"(눅7 : 44)
"사단이 어찌 사단을 쫓아낼 수 있느냐?"(막3 : 23)
예수님께서 던지신 질문들의 일반적인 성격 가운데 어떤 것
들이 있을까?
"유도심문"이란 질문자가 요구하는 대답을 바로 그 질문 속
에서 암시하는 형식의 내용을 말한다. 예수님께서도 이러한
유도심문을 사용하셨었다.

※사람으로 하여금 생각하게 만들기 위한 질문
1) 예수님 자신이 무엇인가 아시기 위해 물으신 질문(눅8

: 30)

2) 감정을 표현하시기 위한 질문(어떠한 감정들이 표현되었는가? 요3 : 10, 눅5 : 22, 23, 마12 : 34등 참조)

3) 어떤 이야기를 하시기 위한 질문

4) 이미 알고 있는 자들에게 다시금 재차 회상시키기 위한 질문(막2 : 25, 26)

5) 양심을 일깨우기 위한 질문(마23 : 17)

6) 믿음을 유도하기 위한 질문(막8 : 29)

7) 상황을 분명하게 하기 위한 질문(막10 : 2. 3)

8) 비판을 대항하여 꾸짖기 위한 질문(막2 : 25. 26)

9) 어떤 이로 하여금 딜레머(dilemma)에 빠지게 하려는 질문(막3 : 4)

※그의 비판자들이 대답할 수 없었거나, 선뜻 대답할 수 없었던 질문들

1) 안식일에 대하여(눅6 : 9)

2) 요한의 세례에 대하여(마21 : 25~27)

3) 다윗이 그리스도를 주로 칭한 것에 대하여(마22 : 45, 46)

예수님의 유명한 말씀들 가운데 다음과 같은 말씀이 있다. "질문하는 자들이 다스리게 될 것이다." 여러분에게 이것은 예수님의 말씀으로 생각되는가? 아니면 이것은 너무도 기이하게 교육론적이거나 철학적이어서 마치 헬라인들의 말처럼 들리는가?

"질문자로서의 예수님"이라는 제목하에 또 하나의 단락을 삼고 그것을 연구 검토해 볼 용의가 있는가? 어떻게 하면 우

리가 보다 나은 교사들이 될 수 있겠는가?

8. 예수님의 응답법(His Answers)

※연구의 내역 및 범위

예수님의 응답들을 공부하기 위하여 예수님의 사역의 후반기를 연구해 보기로 하자.

범위 : 마22장, 막12장, 눅20장을 통하여 그 응답들의 특수성을 생각해 보자

○ 예수님의 네 가지 종류의 토양에 관한 그의 첫번째 비유에 대해 제자들이 물었을 때 예수님의 대답 : 마13 : 10-23

○ 호수에 홀연히 불어닥친 폭풍우 속에서 제자들에 대한 예수님의 응답 :

- "구원해 달라"는 제자들의 요청에 대해 뭔가 일을 행하심으로써 응답하심

- 평정이 회복되어 제자들의 공포의 발작이 지나간 연후에, 예수님의 응답 : 공포와 그 공포의 원인 - 즉 믿음의 부족을 꾸짖으시고 그들의 진정한 필요를 일깨워 주시는 응답을 하심.

○ 마태의 집에서 있었던 잔치 자리에서 바리새인들과 서기관들이 예수님의 제자들을 향한 불평에 대하여("어찌하여 너희 선생은 세리와 죄인들과 함께 잡수시느냐") : 마9 : 11-13("건강한 자에게 의원이 쓸데 없고 병든 자에게라야 쓸데 있느니라…")

○ 요한의 제자들 가운데 금식에 관한 질문에 대해 : (막2 :

19, 20)

좋은 교사는 항상 대답을 할 준비를 갖추고 있을 뿐만 아니라 제자들로 하여금 최선의 대답을 하게끔 만들기도 한다. 예수님께서도 이와 같은 일을 하셨다. 따라서 실제로 그러한 실례들을 찾아보자.

"네가 참말을 하였도다" 또는 "네가 하나님의 나라에 멀지 않도다"라는 예수님의 평가를 회상하여 보자.

예수님의 답변들이 지니고 있는 주된 특성들의 목록들은 :

○ 정보를 제공함 : 예수님의 답변들은 새로운 것을 알려주곤 했다.

○ 심오함   : 일련의 심오한 대답들은 요한복은 6장에 있다.

○ 질문의 형태로서 주어진 답변이다.

○ 딜레머(dilemma)의 형식으로 던져진 답변이다.

○ 질문에 대한 답변일 뿐 아니라 질문자 자체에 대한 답변이다.

○ 사실적인 것이지만 그러나 분명하지 않은 답변(눅17 : 37)이다.

○ 질문자가 요구한 것과는 엉뚱한 답변이다.

○ 하나의 이야기 형태로 주어진 답변이다.

○ 침묵으로 답하신 답변이다.

○ 간접적인 답변(마18 : 1-16)이다.

○ 학문적인 질문에 대하여 실제적인 것으로 대답하신 답변(눅 13 : 23, 24)이다.

우리는 예수님의 답변들로부터 우리 자신의 일에 실천할 수 있는 어떤 것들을 배울 수 있겠는가?

9. 예수님의 강화법(His Discourses)

강의란 강의하는 사람이 뭔가 새로운 것을 말할 때, 정당화 될 수 있으며, 구성원들의 수가 많게 되면, 질문과 답변, 또는 토론하기에 너무 범위가 크게 되는 것이며, 따라서 분위기는 다소 형식을 갖춘 것이 적당하다. 그러나 만일 가능하다면 이 모든 경우들에 있어서 강의는 토론과 회의가 뒤따라야만 한다. 그렇지만 그룹의 구성원이 묻고 답하며 질문하기에 충분 할 정도로, 작아도 거기에 참석한 사람들이 전혀 준비가 되어 있지 않기 때문에, 교사는 강의를 하게끔 강요를 당하는 경우 가 종종 있다. 어떤 사회의 관습 역시 청중들의 수동적인 태도 나 능동적인 자세에 뭔가 영향을 미친다. 교사가 강의를 해야 만 하는 기타의 상황들에 대하여 생각할 수 있을까? 즉 직접 적인 정보가 판단의 기반으로서 요구되는 경우 같은 것이 바 로 그렇다.

예수님께서 강의를 하시는 방법을 사용하신 일이 있으셨는 가? 물론 설교는 이 방법 가운데 한 형태이다. 학술적인 강의 와 설교 사이에 차이가 있다면 아마도 그것은 전자가 주로 지 성에 호소하는 것에 비해, 후자는 주로 듣는 이의 감정과 의지 에 호소하는 차이일 것이다. 즉 전자는 개념을 전달하고 후자 는 충동을 통한 회심을 일깨운다.

예수님께서는 어떤 청중들에게 공적으로 말씀하셨던가? 이 청중들이 각기 시간이나 장소에 따라 달리 구성되곤 했었는

가? 열 두 사도들 가운데 몇 명은 정규적으로 출석하고는 있
었으나, '공적'으로 행하신 말씀들은 대개 그때 그때마다 주어
진 주제(theme)에 대하여 예수님께 말씀을 듣고 했던 제자들
이외의 사람들을 대상으로 하고 있었다. 이들 다른 사람들이
란 예수님을 따르는 무리들과 다소간 예수님께 심지어는 인근
의 지방에서 몰려온 사람들로 구성되곤 했었으며 간혹 예루살
렘으로부터 내려온 적의에 가득찬 비판자들이 끼어들기도 했
으며 때로는 사회적인 잔치의 식사에 모여든 손님들로 구성되
기도 했었다. 그러므로 예수님의 청중들은 매우 다양하게 섞
여진 집단으로서 사회적인 지위로 보나 성별, 예수님께 대한
호감의 정도, 그리고 나이 등으로 볼 때 천차만별의 성격을 띠
고 있었던 것이다.

　예수님께서는 어떠한 주제들(themes)을 가지고 말씀하셨는
가? 그가 택하셨던 주제들 가운데는 다음과 같은 것들이 있다.

　※예수님이 택하셨던 주제들
　1) 가라지 비유의 의미　　　　　(마 13 : 36-52)
　2) 바리새인들의 누룩　　　　　(마 16 : 5-12)
　3) 하나님의 교회　　　　　　　(마 16 : 23-20)
　4) 다가오는 예수님의 죽음　　　(마 16 : 21-28)
　5) 다가오는 예수님의 죽음　　　(반복, 마 17 : 22, 23)
　6) 다가오는 예수님의 죽음　　　(재차 반복, 마 20 : 17-19)
　7) 이미 나타난 엘리야　　　　　(마 17 : 9-13)
　8) 칠십인의 파송　　　　　　　(눅 10 : 1-24)
　9) 기도에 대하여　　　　　　　(눅 11 : 1-13)
　10) 불의한 청지기들　　　　　　(눅 16 : 1-13)
　11) 소자를 실족케 하는 경우　　(눅 1 : 1-4)

12) 무익한 종들	(눅 17 : 5-10)
13) 믿음에 대하여	(마 21 : 21, 22)
14) 겸손에 대하여	(요3 : 12-20)
15) 주님의 만찬	(마26 : 26-29)
16) 그리스도의 고난	(눅24 : 17-27)
17) 회개를 전파함	(눅24 : 36-49)
18) 어린양과 양떼를 먹임	(요 21 : 15-23)
19) 지상명령	(마28 : 16-19)

위에서 언급한 19개의 강화들은 짧으나 열두 제자들의 일부 또는 열두 제자들 전체, 또는 다른 예수님의 추종자들이 참석한 가운데 주어진 것들이다.

다음의 강화들은 마찬가지로 위에서 얘기한 사람들에게 주어진 것이다.
 1) 열 두 제자들의 파송(마10 : 1-42)
 2) 참된 위대함, 죄 지은 형제, 그리고 사제에 관하여 - 일종의 복합적인 강화(마 18)
 3) 재림, 열 처녀 비유, 달란트 비유, 최후의 심판 - 하나의 강화
 4) 최후의 강화와 기도(요 14-17)

다음에 나오는 주제들은 예수님께서 그의 제자들과 기타의 사람들이 약간 섞인, 그러나 분명히 소규모의 혼합집단에 말씀하신 것이다.
 1) 금식 (눅 5 : 33-39)
 2) 안식일을 지킴 (마 12 : 1-8)
 3) 예수님을 따른 일 (눅 9 : 57-62)

  4) 영생과 선한 사마리아인 (눅10 : 25-37)
  5) 이혼 (마19 : 3)
  6) 부의 위험 (마 19 : 16-30)
  7) 포도원의 일꾼들 (마 20 : 1-16)
  8) 예수님의 죽으심과 영광 (요 12 : 20-26)

  다음에 나오는 것들은 그의 제자들과 다른 사람들이 섞인 매우 많은 수의 **혼합**된 청중들에게 말씀하신 것들로서 매우 많으나 간단하다.
  1) 신성모독 (마 12 : 27)
  2) 표적   (마 12 : 38-45)
  3) 표적   (반복, 마 16 : 1-4)
  4) 표적(재차 반복)과 귀신들 (눅 11 : 14-36)
  5) 유전들 (마 15 : 1-20)
  6) 바리새인들에 대한 책망, 탐욕, 신뢰, 경성함, 충성된 청지기, 분쟁 때에 대한 해석 - 하나의 강화 (눅 12)
  7) 회개와 열매 없는 무화과 나무 (눅 13 : 1-9)
  8) 선한 목자(요 10 : 1-18)
  9) 예수님 메시야 됨 (요 10 : 22-38)
 10) 안식일에 병을 고침, 겨자씨, 누룩 (눅13 : 10-21)
 11) 선택을 받은 자 (눅 13 : 23-30)
 13) 비용을 미리 계산함 (눅 14 : 25-35)
 14) 부자와 나사로 (눅 16 : 14-31)
 15) 나라가 임함 (눅 17 : 20-37)
 16) 기도, 원한 맺힌 과부의 인내, 바리새인과 세리(눅18 : 1-14)
 17) 자신의 권위, 가이사에게 세금을 바치는 것, 부활, 지상

명령, 다윗의 자손 - 성전에서 받은 비판자들의 비판에
대한 공개적인 답변들 (눅 20장)
18) 믿음과 불신앙 (요12 : 44-50)

다음에 열거하는 것들은 예수님께서 그의 제자들과 다른 무
리들이 섞인 청중들에게 말씀하신 것으로서 길이가 꽤 긴 것
들이다.
    1) 새로운 나라 (마 5-6)
    2) 아버지와 자신 사이의 관계(요 5 : 19-47)
    3) 세례 요한 (마 11 : 7-30)
    4) 첫번째 그룹의 비유들 (마 13 : 1-53)
    5) 두번째 그룹의 비유들 (눅 15 : 1-17 : 10)
    6) 생명의 떡 (요 6 : 22-65)
    7) 그의 사명 (요 7-8장)
    8) 바리새인들에 대한 책망 (마 23 : 1-39)

다음에서 열거하는 것들은 제자들의 존재가 분명하게 언급
되어 있지 않으므로 아마 그들이 아닌 다른 사람들에게 하신
말씀으로 생각되는 것들이다.
    1) 사죄, 두 빚진 사람들 (눅 7 : 36-50)
    2) 유전 (마 15 : 1-20)
    3) 바리새인들과의 율법사들에 대한 책망 (눅 11 : 37-54)
    4) 겸손, 잔치를 베품, 큰잔치, 핑계들 (눅 14 : 1-24)
    5) 삭개오의 구원, 열 므나의 비유 (눅 19 : 1-27)

그렇다면 우리가 강화들, 강의들 또는 설교들에 대하여 예
수님으로부터 배울 수 있는 것이 무엇이겠는가?

1) 우리가 준비해야 할 것이 무엇이겠는가?
2) 우리는 어떤 장소에서 기쁨으로 이야기할 수 있게 되는 것일까?
3) 어떤 집단들 앞에서 그렇게 되는 것일까?
4) 어떤 **상황하**에서 선선히 말할 수 있게 되는 것일까?
5) 어떤 주제로서 우리가 말하게 될 것인가? 이 주제들이 이야기를 듣게 되는 청중들은 삶에서 멀리 떨어진 것일까, 아니면 가까이 밀착된 문제들일까?
6) 우리는 과거의 것들을 답습할 것인가, 아니면 새로운 것을 개척할 것인가?
7) 우리는 어떠한 태도로서 이야기해야 할 것인가?
8) 우리는 어느 편이 되어야 하는가? 제사장인가, 아니면 선지자인가?
9) 우리가 그 진리를 상황에 맞추기 위하여 기회주의적으로 조작해야 하는가?
10) 우리가 때때로 적대를 받게 될 것인가?
11) 우리는 "크게 소리치며 거리낌 없이"말해야 하는 것일까?
12) 그 외에 또 무엇이 있을까?

예수님께서는 질문을 던지시는 것과 질문들에 답변하시는 것 그리고 강화를 설파하시는 방법을 쓰시는 것, 이 세 가지 가운데서 어느 것을 제일 좋아하셨는가?

다음에 인용한 글로서 판단을 내리되 스텐리 홀(Stanley Hall)이 무엇이라고 이야기하는지도 살펴보자.

"플라톤이 이러한 조사방법을 높이 칭찬하고 있는 바, 그러한 의미의 대화와 토론으로서 사람의 지혜를 날카롭게 하시기

를 사랑하며, 또 비록 그가 한 사람의 교사로서 많은 남녀들에
게 자기 자신과 하나님의 진리를 전달하시는 것을 즐겨하셨지
만, 그럼에서 불구하고 낯선 이들과 더불어 이야기를 나누며
강화를 설파하시는 것으로 기쁨을 삼으셨던 예수님은 제기된
질문들에 반박하시는 가운데서도 또한 교육자적이며 참된 즐
거움을 맛보고 계셨다."

10. 예수님의 비유법(His parables)

예수님께서 한 사람의 교사로서 사용하셨던 교수법(method)
중에 가장 두드러진 특징은 그가 재미있는 이야기들을 말씀하
시곤 했었다는 사실이다. 복음서에는 약 28개의 짧은 비유의
구절들과 약 25개 가량의 상이한 이야기들이 있으며, 신약성
경 속에는 "비유"라는 말이 약 50여 차례나 나타나고 있다.
비유는 익숙한 사람들과 영적인 진리들 사이(between)에
있는 하나의 비교이다. 예수님의 비유의 종류에는 다음과 같
은 것들이 있다.
  1) 짧은 비유들과
  2) 익숙한 사실들과 영적인 진리 사이의 비유를 암시하는
     이야기와
  3) 이야기를 넘어선 어떤 의미가 내포되어 있는 것이 아니
     라 그 자체내에 진리를 담고 있는 실례적인 이야기, 즉
     이것은 단일한 의미의 이야기라고 부를 수 있을 것이다.
  4) 비유, 이것에서는 이야기의 영적인 의미가 이야기의 스
     토리 속에 섞여 있다.

교사는 자고로 그의 가르침이 학생들의 마음 속에 미치게
되는 영향을 생각하며 관심을 기울이게 되는 것이므로 우리
함께 비유가 미치는 정신적인 효과가 어떤 것인지를 알아보기
로 하자. 이 일은 우리로 하여금 어째서 예수님께 그것을 그토
록 많이 사용하셨는지를 이해하는데 큰 도움을 받도록 만들어
줄 것이다.

그러면 어째서 비유들이 사용된(used) 것일까? 그것은 받을
준비가 되어 있지 않은 자들에게 진리를 숨기시고자 함이요,
오직 받을 만한 자들에게만 그 진리를 열어 보여주시고자 함
이었다. 비유는 마지막 날에 그들에게 그들이 이해하는 부류
에 속하지 않았었음을 보임으로써 그들을 심판하는 말씀이 될
것이다. 그리하여 옛 선지자가 말했던 것과 같이 그 비유가 미
치는 결과는 듣기는 들어도 깨닫지 못하고, 보기는 보아도 알
지 못함으로 해서 저희로 돌아켜 사죄를 받지 못하게 됨인 것
이다.(마 13 : 14, 15)

여기서 비유들을, 그것들이 가지고 있는 영역들, 즉 사물들,
식물들, 동물들 또는 사람들 등에 따라서 분류해 보겠다.

예수님의 비유들 중 먼저 사물들에는,
○ 세상의 소금, 세상의 빛, 산 위에 있는 동리, 촛불, 더럽게
　하는 것들 등 17개가 있고 (26%)

식물들에는,
○ 싹트는 무화과 나무, "그것이 맺는 열매로 말미암아 평가되
　는"나무, 열매 없는 무화과 나무 등 7개가 있으며(11.5%)

동물들에는,

○ 주검과 독수리들, 아이들의 고기와 개들, 잃은 양, 양과
  염소 등 4개(7%)

 그리고 사람들에는,
○ 잃어버린 동전을 찾는 여인, 달란트를 받은 하인들, 므나를
  받은 하인들, 무익한 종, 시장의 아이들 등 34개(55.4%)가
  있다

비유 속에 담겨있는 아름다움의 요소들 가운데는 표현의 경
제도 포함된다. 즉 그 어느 한 단어도 필요 이상의 것이 아니
라는 말이다. 모든 다른 예술 작품들과 같이, 비유는 실체와
이상의 합체이며, 물질적인 실체와 영적인 이상이 하나로 합
쳐진 것이다. 그리고 그와 같은 연합이 너무도 완벽하고 흠이
없으므로 우리가 그것을 아름답다고 부를 수 있을 정도인 것
이다.

예수님께서는 세 가지 종류의 책 - 구약, 자연의 책, 그리고
생활의 책을 알고 계셨다. 그는 구약속에서 비유들을 읽어보
셨으며, 구약에서 찾아내신 것들과 그가 장면과 생활 속에서
창출해 내신 비유들을 천국(Kingdom of Heaven)의 새로운
메시지를 전달하시는데 사용하셨다. 즉 예수님께서는 그 비유
들을 찾아내시고, 받아들이시고, 상황에 맞게 수정하고, 또 그
것을 완전케 하셨던 것이다.

이야기를 잘하는 기술은 교사가 숙달해야만 하는 사항 가운
데 하나이다. 교사는 이야기가 가지는 네 가지 부분이 무엇이
며, 비유에 있어서 이 네 가지 부분이 구별될 수 있어야만 한
다는 사실과 그가 그것을 말하든지 아니면 글로 쓰든지 간에
그것들을 그의 이야기 속에서 실증해야만 한다는 사실과 한

집단에게 어떻게 이야기를 할는지 그 방법들까지도 알고 있어야만 하는 것이다.

교사는 자기가 즐겨 사용하는 비유들의 그룹을 찾아내야 할 뿐만 아니라 가장 좋아하는 의미의 비유를 또한 찾아내야 할 것이다. 그리고 비유가 갖는 의미야말로 그것이 지닌 본질적인 부분이므로, 교사는 스스로에게 각개의 비유들이 가지고 있는 의미들에 대하여 말해 보도록 함이 좋다.

11. 예수님의 성경 사용법
(His use of the Scriptures)

예수님께서 성경을 어떻게 사용하셨는가에 대한 우리의 연구를 요약하기 위하여 학자들의 몇가지 견해들을 덧붙여 생각해 보자.

1) "예수님의 정신은 이사야서로 흠뻑 젖어 있으셨다."
2) "예수님께서는 구약성경에 대한 한 분의 권위 있는 주석가이셨다."
3) "예수님께서는 그것의 이상들이 그의 사고방식의 보편적인 용어 정도로 구약성경에 심취해 있으셨다."
4) "예수님께서는 구약의 선지자들의 권위를 자신의 가르침을 위하여 활용하셨으며, 자신이 행하신 일들을 구약의 선지자들의 행한 일들과 가능한한 밀접하게 연관을 지우셨다."
5) "예수님께서도 한 분의 선지자이셨다. 그러나 그는 그 이전에 있었던 어떤 선지자보다 비교할 수 없을 만큼 훨씬 능하신 선지자이셨다."

6) 구약성경 계시를 규정하는 가장 뛰어난 사상이 역시 우리 주님의 실천과 행위들을 규정하며 인도하고 있었다. (마 3 : 15 참고)

7) "예수님의 가르치심에는 어느 것이든 구약성경의 정신이 미치지 않은 것이 없으며, 완전히 구약성경의 언어들로 채색되어 있다."

8) "예수님께서는 구약성경의 영적 권위에 자신을 굴복시키셨다."

9) "예수님께서는 구약성경 계시 내부에서 일어났던 계시의 발전과정(the process of evolution)을 잘 알고 계셨다. (예수님께서 율법의 어떤 규례들을 제쳐두셨던 사실과 두로와 시돈에 대한 예수님의 말씀을 참고하라)"

10) "예수님께서는 구약성경을 자신의 영적 생활의 근원으로 삼으셨다."

11) "구약성경은 그것이 의식적으로 하나님과 그의 능력의 충만한 데에 중심을 두고 있기 때문에, 우리들의 영혼들에게 우리들의 가장 고귀한 존경을 받을 만한 특성들을 제시한다. 그것들은 우리로 하여금 우리들의 종교의 근본직인 기초들과 하나님의 성품을 발견했던 이들이 소유했던 열정을 함께 나눌 수 있도록 해준다. 그것은 그것이 그리스도의 제자들의 영혼을 성장시키는 주형을 만들어 내는 것이기 때문에 그리스도의 제사들의 제자됨을 완성시키는 일에 있어서 빼놓을 수 없는 것이다."

12) "종교적으로 구약성경보다 높은 가치를 지닌 것은 존재하지 않는다. 그리고 예수님 이외에 어느 누구도 구약성경을 폐기할 수 있는 권리를 가질 수가 없었다. 그러나 예수님께서는 그 구약성경을 불멸화시키셨다."

예수님께서는 자기 자신의 영혼을 성장시키시기 위해서 구약성경을 사용하시었다. 우리도 이와 똑같은 일을 해야 될 필요성이 있는 것이다. 예수님께서는 구약을 이용하시어 그 당시 종교에 관심을 가졌던 사람들과 자기를 같이 하여 만날 수 있는 공동의 기반으로 삼으셨다. 우리도 그것을 이용한다면 어떤 방법으로 그와 비슷하게 할 수 있을 것이다.

12. 예수님의 상황이용법(His use of occasion)

예수님의 생애 가운데 일어났던 한 가지 자연적인 상황을 회상해 보도록 하자. 그리고 무엇인가 중요한 말씀을 하시거나, 아니면 뭔가를 행하시기 위해서 그 상황을 이용하셨던 예수님의 모습을 상기해 보기로 하자.

그 일을 위하여 다음과 같은 실례들을 제시해 보자.

상 황	이용하신 방법
• 성전에서 장사하는 이들을 발견하심	성전을 깨끗게 하심
• 니고데모가 자기에게로 나아옴	위로부터 거듭남을 가르치심
• 한 사마리아여인이 나아옴	삶의 변화
• 한 문둥병자가 나아옴	육체적인 생명을 정화함
• 중풍병자를 친구들이 메어옴	영적인 치유와 육체적인 치유
• 뱃세다 못에 누워있는 사람을 보심	육신의 치유
• 안식일에 곡식이삭을 훑어먹음에 대하여 바리새인이 제자들을 비난함	사람과 안식일 사이에 있는 참된 관계를 가르치심
• "무리를 보시고", 요한의 심부름꾼들이 나아옴	산상보훈, 요한에 대한 메시지와 그에 대한 칭찬
• 바리새인 시몬과 함께 잡수심	빚진 자 둘에 대한 비유
• "이 사람이 바알세불에 지폈다"라는 비난	사죄받을 수 없는 죄에 대한 가르침
• 그의 어머니와 동생들이 나아옴	영적관계가 월등함에 대한 교훈
• "어찌하여 저희에게 비유로 말슴하시나이까"라는 제자들의 물음	천국의 신비에 대한 가르침
• 가라지 비유를 설명해 달라는 제자들의 요청	악한 자의 아들에 대한 가르침
• "어찌하여 너희 선생은 세리와 죄인들과 함께 잡수시느냐?"	온전한 자와 병자에 대한 가르침

위의 목록은 복음서 전체에 나오는 실례들의 4분의 1도 미처 되지 않으나 아마도 이것들은 상황이 일어난 그대로 그것을 자연스럽게 사용하시는 것이 예수님의 특징이었다는 사실을 적절하게 보여주기에는 충분한 것이다. 이것이 예수님의 가르침에 생명력이 넘치는 것에 대한 이유들 가운데 하나이다.

교사는 다음과 같은 스텐리 홀(Stanley Hall)의 판단에 동의해야 한다. 그는 이렇게 말한 적이 있다.
"예수님께서는 모든 상황이 벌어지는 그대로를 이용하시어 자신의 교훈을 말씀하시기 시작하심에 있어서 기회를 선용하실 줄 아는 대가였음에 분명하다. 그리고 그는 친밀감을 만들어 내곤 했었다."

13. 예수님의 유화법(His use of Apperception)

우리는 이미 오래되어 친숙한 말을 가지고 새로운 것을 해석함을 가리켜 유화라고 부른다. 우리가 마음속에 가지고 있는 친숙한, 또는 오래된 개념들이 새것을 이해함에 쓰여지기 마련이다.

우리는 우리가 이전부터 잘 알고 있던 것을 통하여 무엇인가를 이해한다. 바로 이것이 유인 것이다. 여러분은 이것에 대한 또 다른 예들을 들 수가 있는가?

예수님께서 자신의 가르침 속에서 이 유화를 사용하신 경우를 기억으로 더듬어 찾아낼 수 있는가? 예수님께서 사용한 비유는 모두가 다 덜 친숙한 사실을 해석하기 위하여 보다 친숙한 사실을 사용하고 있다. 즉 우물에서 만난 여인에게 "생수"

라는 말씀을 하신 것, 표적을 구하는 자들에게 비록 그들이 천기의 징조들은 구별할 수 있었으면서도 그들이 분별할 수 없었던 "시대의 표적"에 대하여 이야기하신 것들이 이에 속한다.

예수님께서는 자신이 자기를 생각하는 그대로 자신에 대한 생각이 모여서 자기 동포들에 의하여 유화되기를 간절히 원하셨고 또 그렇게 되도록 노력하셨었다. 그러나 그 유화는 간절히 원하셨고 또 그렇게 되도록 노력하셨었다. 그러나 그 유화는 되어질 수가 없었다. 왜냐하면 예수님의 생각과 백성들의 생각이 달랐기 때문이다.

그것은 스텐리 홀이 다음과 같이 말한 것과 같았다 : "하나님의 나라에 들어가기에 적합하게 되기 위해서는 생활 전체가 다시금 건설되어야만 하고, 또 그것 전체가 새로운 유화의 중심이 발하는 빛 아래로 들어와야만 한다."

14. 예수님의 대조법(His use of Contrast)

대조법의 효과들에는 대개 어떤 것들이 있는가? 예술에 있어서 형태들이나 색깔을 다루는 가운데 사용되는 대조법의 효과(effect)에 대하여 생각해 보자. 서로 반대되는 것들을 서로 대조시켜 놓는다는 것은 한 단독적인 집단의 요소들 사이의 차이점들을 드러내 보여주고, 상호 비교된 사물들 속에 내재되어 있는 상이한 특질들을 나타내 보여주며, 그들 상호 사이에 존재하는 적대관계를 강조할 뿐만이 아니라 매우 회화적인 특성을 갖게 되어 상상력에 강한 호소력을 발휘하게 됨으로 말미암아 주의를 끌고 기억을 오래 가지게 하는데 큰 도움이 된다. 이런 모든 이유들로 해서 대조법은 설명을 통한 교육

(education)의 기교에 크나큰 도움이 되고 있다.

예수님께서는 그가 가르치심 속에서 대조의 원리들을 어떻게 사용하셨었는가?
 1) 교과 : 율법을 완성시킴
    대조 : "옛 사람에게 말한 바…은 너희가 들었으나 나는
       너희에게 이르노니…"(마5 : 21)
 2) 교과 : 종교에 있어서 참된 진실성
    대조 : 외식하는 자들과 예수님의 제자들(마12 : 1～눅13
       : 15)
 3) 교과 : 만민의 공통적인 아버지이신 하나님
    대조 : (1) 잃어버린 한 마리 양과 아흔 아홉 마리 양
       (2) 잃어버린 동전 한 닢과 아홉 개
       (3) 잃어버린 한 아들과 형제(눅15 : 8～32)
 4) 교과 : 참된 순종(마21 : 28～31)
    대조 : 포도원에 가서 일하라는 명령을 받은 두 아들
 5) 교과 : 참된보화(마6 : 20)
    대조 : 땅 위에 쌓은 보화와 하늘에 쌓은 보화
 6) 교과 : 깨어 경성함(마25 : 1～13)
    대조 : 지혜로운 처녀들과 어리석은 처녀들
 7) 교과 : 선한 자들과 약한 자들의 최종적인 분별
    대조 : 양과 염소(마25 : 31～46)
 8) 교과 : 참된 이웃(눅10 : 25～37)
    대조 : 제자장, 레위인, 선한 사마리아인
예수님께서 행하여 가르치셨던 교과들과 각기 그 속에서 사용된 대조법들을 다음과 같은 구절들 속에서 찾을 수 있다.(마 5 : 17~20, 요4 : 3,14 ; 4 : 21, 22, 마 18 : 21-25, 눅 12 : 4,5 ;

12 : 8.9 ; 12 : 10 ; 18 : 9-14).

아마도 하나의 교사로서 예수님께서 사용하셨던 교육방법
들 가운데서 이 대조법보다 그것이 지닌 미학적인 특징을 분
명하게 보여주는 국면은 존재하지 않을 것이다.

15. 예수님의 사물 이용법
(His use of the Concrete)

예수님께서 추상적인 것을 가르치심에 있어서 어떤 구체적
인 것을 사용하셨는가. 하나의 도덕과 종교의 교사로서 예수
님께서 지니셨던 영역은 추상적인 것이었다. 그리고 그의 청
중들은 그를 따라서 이해하기에는 너무도 다양한 적합성과 부
적합성의 차이를 드러내 보여주고 있다. 이런 가운데서 예수
님께서는 추상적인 진리를 어떻게 그들의 지성의 수준에까지
내려서 전달하셨는가?

우리는 구체적인 것과 추상적인 것 사이에 다소간 보다 철
학적인 또 다른 구별선을 그을 수가 있을 것이다. 즉 구체적인
것은 전체이며, 추상적인 것은 그 전체에 대한 하나의 부분인
것으로 말할 수가 있을 것이다.

예수님께서 추상적인 것들을 가르치시면서 사용하셨던 구
체적인 것들을 몇가지 예를 들어 설명해 보자.

구체적인 것	추상적인 것
공중에 나는 새를 보라	하나님께 의지함
들의 백합화를 생각해 보라	하나님께 의지함
바람이 임의로 불되	성령과 성령의 활동
이 어린아이	참된 위대성
이 가난한 과부	참된 헌금
내게 돈 한닢을 보이라	세속적인 의무
누가 나의 어머니이며	영적인 인척 관계
너희는 이 여인을 보라	참된 환대
두 마리 참새	예정
너의 머리카락	예정
여우	정처 없으심
포도와 무화과	풍성한 열매있는 제자의 직분
사람을 낚는 어부	인격적인 사역
노랑에 빠진 황소	자비, 동정심

각각의 비유들은 각기 한 가지씩의 구체적인 내용들을 담고
있다. 더구나 이적들은 모두가 구체적인 것이었다.
가르침에 있어서, 구체적인 것으로부터 추상적으로 나아가는
것이 나은 것인가 아니면 추상적인 것에서부터 구체적으로 나
아가는 것이 나은 것인가?

추상적인 것을 구체적인 것에 덧붙여 설명하지 않고는 결코
그 추상적인 것을 가르치려고 애쓰지 말라.

16. 예수님의 상징 이용법(His use of symbols)

상징(symbol)의 이용은 구체적인 사물의 이용과 매우 밀접한 연관을 갖는다. 상징은 그 자체가 추상적인 것을 유형화하기 위한 표시 또는 기호로서 구별되어진 뭔가 구체적인 것이기 때문이다.

종교에 있어서도 상징이 있음은 물론이다. 형식적인 신경이 바로 그것의 가장 좋은 예이다. 신앙고백 역시 하나의 상징이다.

우리는 왜 상징을 사용하는가? 상징들은 대단히 경제적이며, 상상력에 호소하는 힘이 있으며, 분명하게 말하는 것이 제시할 수 있는 것 이상의 무엇을 제시할 수 있으며, 강한 연대감을 갖게 한다.

과연 예수님께서는 상징을 사용하셨는가? 예수님께서 사용하셨던 것으로 생각되는 상장들의 목록을 정리해 보면 아래와 같다.

상　징	의　미
성만찬	예수님을 기억함
십자가	희생
제자들의 발을 씻기심	겸손한 봉사
종려주일에 나귀를 타심	영적인 왕이 되심
너희의 발에서 티끌을 털고	정죄하는 증거
무리 가운데 있는 아이	천국의 한 사람이 될 자격으로서의 겸손과 믿음

상징과 구체적인 실례를 명확하게 구분한다는 것은 언제나 쉬운 일이 아니다. 그러나 상징은 다소간 그것이 연상시키고

자 하는 것을 다시금 기억하게 만드는 특별한 목적을 위해서
대부분 사용되고 있다.

　예수님에 의하여 사용된 상징들 가운데 특기할 만한 사실은
그것들이 거의 행동이었다는 점이다. 교사는 오늘날 상징적인
행동들을 사용할 어떤 방법들을 알고 있어야 한다.

17. 예수님의 수사법(His Imagery)

　예수님의 기록된 말씀들 가운데서 현대의 수사학적인 모든
기교들의 표본들을 찾아보자.

직유 : 라틴어로부터 온 이 말은 하나의 사물이 다른 것과 똑
　　　같은 것을 말한다(마 23 : 37).

은유 : 은유는 말의 대조가 생략된 단축형의 직유이다(눅 13 :
　　　32)

제유 : 이것은 한 부분을 빌어 전체를 묘사하거나, 전체로서
　　　한 부분을 묘사하는 수사법이다(요 4 : 32). 이것은 하나
　　　의 은유이기도 하다.

환유 : 이것은 어떤 사물을 그것을 그것의 속성이나 그것에 수
　　　반된 것들을 보아 이름을 붙이는 수사법이다(눅 4 : 43).

의인화 : 이것은 사물에다 인격을 부여하는 수사법이다(요 3 : 8)

돈호법 : 이것은 그 대상이 없지만 거기에 있는 것처럼 부르는
　　　수사법이다.(마 11 : 21)

역설법 : 이 수사법에 있어서는 어떤 말이 그것의 표면적 의미
　　　와는 정 반대의 뜻을 담고 있다(막 7 : 9).

안유 : 이것은 간접적으로 시사하는 수사법이다(요 2 : 19)

풍유 : 이 수사법은 일련의 풍유나 직유로 되어 있다.(요15 :

 1-10)
비유 : 도덕적이거나 종교적인 의미를 지닌 간단한 이야기로
        씨 뿌리는 자의 비유, 선한 사마리아인의 비유 등이다.
과장법 : 또는 수사학적인 허풍(마 23 : 24)

비유적인 표현들은 산문 속에 있는 시적인 요소이다. 그것은 빛을 더하고 반짝이는 특질을 첨가시킨다. 이 효과는 상상력과 연결된 정서에 기인한다. 그것은 읽거나 듣는 즐거움을 한층 증가시켜 준다.

실로 위대한 교사들은, 특별히 궁극적인 것들을 가르치는 교사들은 듣는 이들로 하여금 진리에 대해서 말로 전달할 수 있는 것을 생각할 수 있도록 하기 위해서는 필히 마음의 시적인 주형을 갖추고 있어야 한다. 그와 같은 교사의 마음만이 진리와 더불어 활동할 수가 있으며, 그것은 문자적인 사실들에 대한 구속을 받지 않는다.

예수님께서는 말을 경제적으로 아끼셨고 의미를 다른 말과 잘 묶으며 그 말들에 비유적인 표현은 날개로 달아 세상의 바람들을 타고 날게 하셨다. 또한 예수님께서는 강한 진지함을 가지고 이렇게 가르치셨다.

"내가 너희에게 이르노니 사람이 무슨 무익한 말을 하든지 심판날에 이에 대하여 심판을 받으리니 네 말대로 의롭다 함을 받고 네 말로 정죄함을 받으리라"(마 12 : 36)

18. 예수님의 개인교수법

한 사람의 도덕 및 종교의 교사로서 예수님께서는 주로 어

떻게 그의 말씀들을 설교하셨는가? 주로 무리들에게 하셨는가, 아니면 주로 개인들에게 하셨는가?

예수님께서 자주 개인들을 수단으로 하여 무리들에게로 접근하신 일이 있었음은 물론 사실이다. 이러한 경우에 있어서 예수님께서는 많은 사람들 앞에서 어떤 개인을 위하여 병을 고쳐주시거나 그에게 필요한 말씀을 가르치곤 하셨다. 그뿐 아니라 예수님께서 자주 그가 말씀하시고 계셨던 무리들을 통하여 개인들에게 접근하셨던 사실이 있었음 또한 사실이다.

예수님께서는 개인들과 더불어 시작하시어 무리들에게 연장시키셨으며 결국에는 다시 개인들로 더불어 끝마치셨다. 그는 성공적인 그의 사역속의 삼년간을 이렇게 보내셨다. 그는 무리가 갖는 바로 그들의 속성을 인하여 개인들을 더 좋아하셨고 또 개인들로 더불어 가장 성공적인 사역을 완성시키셨다. 사실상 예수님께서는 그가 개인들을 신뢰하셨던 것처럼 무리들을 신뢰하시거나 그들에게 자신을 의탁하신 일이 없으셨다.

19. 인격적인 교제를 통한 교육
(Education by personal association)

우리들이 말로서보다 우리들 자신의 존재로서 훨씬 더 많은 것을 가르친다는 것은 이미 교육학에 있어서의 자명한 공리처럼 되어 있다. 그런 것이 바로 인격의 영향력이라는 것이다. 우리는 인격을 지닌 사람들과의 만남으로부터 배움을 갖게 된다. 동기유발적 암시나 모방의 이름을 붙은 모든 것은 한 인격이 다른 인격과 더불어 만남을 갖게 될 때 비로소 시작되는 것이다.

예수님께서는 제자들을 자신의 주변에 두시되 그들을 각기 다른 상황들 속에서 한번, 또는 두번 심지어 세 번씩이나 "부르심"을 통하여 택하셔서 자신을 따르게 하셨다. 부르심의 말씀은 매우 짧고 간단하며 직접적이고 인격적인 것이었다. 즉 "나를 따라오라"라는 말씀이었다. 최초의 의도에 있어서 그 말씀은 개인적인 인격의 교제에로의 부르심이었으며, 그것이 있은 연후에야 모든 것이 거기서부터 흘러 나올 수 있었던 것이다. 예수님께서 열 두 제자들을 훈련시킴의 가장 큰 비결은 인격적인 교재였고, 그것의 주된 목표는 봉사에 있었다.

20. 예수님의 동기 부여(Motivation)

"동기"라는 말을 쓸 때는 첫째, 한 행동의 예상적인 이유, 둘째, 결과적인 목적을 의미하는데 이와 같이 동기란 우리로 하여금 움직이게 만드는 것이다. 먼저 네 가지의 동기부여에 대해 알아보자.
  1) 이기적 동기
  2) 이기적이되 이타적이기도 한 동기
  3) 이기적이지만 이타적 동기
  4) 이타적인 동기

아래의 글들을 읽어보고 예수님께서는 그 속에서 어떤 동기에 호소하고 계시는가를 결정하고, 또한 이 동기가 어떤 종류에 속하는 것인지를 결정해 보자.
  1) 지혜로운 사람과 어리석은 사람(마7 : 24-27)

2) 신앙과 불신앙의 결과(요 3 : 16)

3) 심판 때의 양과 염소(마25 : 31-46)

4) "먼저 하나님의 나라를 구하라"(마 6 : 33)

5) 참된 위대성(마 20 : 21-28)

6) 십자가를 짊(마 16 : 24-27)

7) 나다나엘을 부르심(요1 : 47-51)

8) 사마리아 여인과의 대화(요 4 : 4-38)

예수님께서 호소하셨던 인간 내부에 잠재해 있는 동기들은 그가 일으키시려고 했던 동기와 그가 일으키시려고 하셨던 의도와는 관계없이 이미 자연적으로 일어나 있었던 동기와 이 둘 사이는 명확하게 구분되어야 한다.

우리는 이기적인 동기와 이타적인 동기를 구별할 수 있을 뿐만이 아니라 자연적 또는 본질적인 동기들과 인공적 또는 비본질적 동기들, 또는 여러 가지 자극들을 구별할 수가 있을 것이다.

21. 예수님의 호소방법

이 질문의 의미는 예수님께서 인간의 본능들이나 생득적(生得的)인 성벽들을 자극하셨던가 하는 것이다. 이 질문은 우리들로 하여금 예수님께서 인간 본성의 모든 에너지들을 발산하셨는지 아닌지에 대하여, 그리고 어떤 의미에 있어서는 예수님께서 그렇게 하심으로써 우리가 그의 가르침들이 인간본성의 가장 심원한 요구와 필요들을 만족시키셨는지 아닌지, 그리고 만일 그것을 만족시키셨다면 어느 정도까지 그렇게 하셨는지를 보고 이해하는 일을 도와 주기 때문이다.

이 같은 본능적인 반응들에는 어떤 것들이 있는가?

제임스(James)에 따르자면 공포, 사랑, 호기심, 모방, 경쟁심, 호전성, 긍지, 소유욕, 구성 욕구이다. 그러면 예수님께서 이용하셨던 방법들에 대해 살펴보자.

●공포심 : 예수님께서는 자주 사용하셨던 방법은 아니며 그의 설교 가운데서 말했던 것과 같이 노예적인 공포심에 호소하신 적은 한번도 없으셨다. 그러나 예수님의 호소 가운데 공포심이 가장 큰 요소는 아니지만 최후의 심판에 연결시켜 언급하신 도주와 은익은 공포심의 생생한 표현이라고 할 수 있다.

●혐오 : 배척 본능의 감정적인 국면인 혐오감의 특징적인 표현은 감정을 해친 대상을 제거하고자 함과 배척하고자 함이다. 요한 계시록 3 : 16은 이와 같은 반응에 대한 호소의 가장 좋은 실례이다.

●호기심과 경이 : 예수님의 모습의 언제나 끊임없이 호기심과 경이와 놀라움과 경악의 중심을 이루곤 했다. 그것은 예수님께서 마지막으로 예루살렘에 올라가셨을 때처럼, 그의 육신적인 위엄 때문이기도 했고, 산상보훈을 가르치셨을 때가 같이 그의 어떤 말씀들 때문이기도 했으며, 어떤 때는 병을 고치심 때문이기도 했다.

●호전성 : 호전성이라 부르는 이 본능에 대해 그리스도교가 호소하는 문제를 놓고 전쟁에 휩싸여 지낸 근년 동안에 많은 논쟁이 전개되었던 바 있다. 그러나 전쟁보다 국가적인 위신을 손상시켜서라도 평화를 추구하는 그리스도인들은 비교적으로 소수에 지나지 않는다. 예수님께서 호전적인 감정에 대하여 행하셨던 바 독특한 일은 그 감정을 승화시켜 그것을 "도덕적인 등가물"로 만드셨으며 그러한 감정을 다시금 조정

하셨던 것이었다(마5 : 22).

● 자존심 또는 긍지 : 이 본능은 모든 종류의 자기과시의 기반이 된다. 이 본능은 자신에게 존경을 표시해줄 구경꾼들의 존재를 전제로 하고 있으며, 심지어 그 구경꾼들은 자기보다 열등한 사람들로 간주되곤 한다. 예수님께서는 자주 아주 특이한 견해를 드러내 보이시는 가운데서 그 자신을 높이시곤 하셨다. 그러나 예수님께서는 그와 같은 자기 평가에 의거하여 자신을 자랑하신 적은 한번도 없으셨다. 예수님께서 항상 겸손하셨던 것은 언제나 하나님의 임재와 능력과 공의와 거룩을 인식하고 계셨기 때문이었다.

● 사랑 : 예수님의 주된 호소에 도달하는데 이 호소는 인간의 마음을 향한 호소였다. 예수님은 부드러운 감정을 가진 사랑을 지니고 계셨으며, 그는 모든 불행을 대하실 때마다 동정심에 이끌려 움직이셨으며, 어린아이들을 대하실 때 그들을 품에 안아 주셨으며, 심지어는 죄인들이라 할지라도 보호해 주시곤 했다. 예수님께서는 이 사랑의 계명을 육체의 생명을 희생시키는 점까지 확장시켜 예수님의 새로운 형식으로 말씀하고 계신다.

● 성 : 예수님의 가르침 가운데 성적인 본능에 호소하고 있는 것이 있는가? 예수님께서는 그것을 승인하셨었다. 그러나 인간의 성적본능에 대한 예수님의 직접적인 호소 또는 간접적인 호소는 찾아볼 수 없다. 예수님께서는 오히려 그 성적인 본능의 억제를 가르치셨으며, 그것도 단지 일반적인 의미로 볼 때에 사람의 각종 에너지들에 대한 호소가 성생활의 자연적이며 건전한 상태들 아래서 보다 효과적인 반응을 만들어낼 수 있는 경우에만 국한하여 호소하셨다.

● 군집성 : 예수님을 그들의 지도자로 모신 제자들, 그리고

그들을 둘씩둘씩 파송하셨던 일, 교회의 설립, 여러 종류의 사람들과 자유롭게 어울리심, 세례요한의 금욕적인 생활을 물리치심 등 이 모든 것들은 이 본능에 대한 예수님의 인정일 뿐 아니라, 이 본능에 대한 예수님의 호소이기도 하다.

● 취득요구(소유욕) : 예수님께서는 물질적인 목적들 대신에 영적인 목적들을 향하게 하셨다. 예수님께서는 물질적인 것들을 향한 소유본능을 결코 부정하신 것이 아니라 오직 그것을 종속시키셨을 뿐이다. 예수님께서 물질적인 것들을 향한 소유본능을 향하여 호소하실 때는 오로지 간접적이며 종속적인 방법으로 행하였으며, 다른 한편으로는 그것을 주로 영적인 것들을 얻는 것에 돌리시곤 했다고 결론 지을 수 있을 것이다.

● 구성욕구 : 예수님으로 인하여 방출된 구성본능은 물질적인 목적들보다는 오히려 영적인 목적들을 지향하고 있으며, 물질적인 것은 오히려 수단으로 간주되고 있다.

● 동정심 : 동정심이란 사회적인 성격의 것이며 동화적인 성격의 것이다. 예수님께서는 나인성의 문 앞에서나 나사로의 무덤 앞에서, 그리고 야이로의 집에서처럼 다른 사람들의 감정을 나누어 가지셨다.

● 암시 : 암시성에 있어서 예수님께 견주어 비교할 만한 인물은 거의 없다. 암시는 치유에 있어 커다란 역할을 해왔으며, 위대한 의사로서 예수님께서도 이것을 활용하셨다.

● 모방욕구 : 예수님을 특징 지어주는 것은 모방이라기보다는 독창적인 발명이다. 그러나 예수님께서는 모방하셨을 뿐만 아니라 특별히 모방의 본능에 강한 호소도 하셨다.

● 유회 : 우리가 육체적인 영역을 지나 정신적인 영역에 이르르면, 예수님께서 놀라운 상상력과 유모어 감각을 드러내 보이시며 위트와 농담과 풍자를 사용하시면서 상상의 유회를

하고 계신 것을 분명하게 볼 수 있다.

●경쟁심 : (분토정신) : 예수님께서는 자신은 어느 누구의 경쟁자로도 생각하지 않으셨으며, 오히려 겸손하게 자신을 가리켜 성령께서 그를 통하여 에스겔에게 말씀하시고 했었던 명칭인 바의 "인자"라고 부르셨다.

●습관 : 예수님 자신도 습관을 가지셨었다. 예를 들면 "자신의 규례대로" 안식일에 회당에 예배 드리러 가는 것은 예수님의 습관이었다.

●기질 : 기질이란 우리들의 정신생활에 특히 정신생활의 감정적인 색조에 대한 이와 같은 조직체적 상태들의 영향이 미친 효과이다. 예수님께서도 기질을 갖고 계셨으며, 그의 제자들 역시 그러했으며, 복음서가 서술하고 있는 다는 모든 사람들도 그러했다.

22. 인상과 표현법(Impression and Expression)

제임스(James)교수는 "반응이 없다면 이해가 없고, 상관된 표현이 없다면 인상도 없다,"고 말했다.

예수님께서 인상의 방법을 사용하셨었는가? 만일 그렇게 하셨다면 어떻게 사용하셨는가? 예수님께서 표현의 방법을 사용하셨었는가? 만일 그렇게 하셨다면 어떻게 사용하셨는가?

예수님의 교육방법들 가운데 몇몇은 인상의 방법에 속하며 다른 몇몇은 표현의 방법에 속하는데 그것은 아래와 같다.

<table>
<tr><th colspan="2" align="center">인상과 표현의 방법</th></tr>
<tr><th align="center">인 상</th><th align="center">표 현</th></tr>
<tr><td>접촉법</td><td>주위와 흥미</td></tr>
<tr><td>본능적 반응에의 호소</td><td>반응 그 자체</td></tr>
<tr><td>인격적 교제</td><td>인격적 교제의 효과</td></tr>
<tr><td>대화</td><td>대화의 영향력</td></tr>
<tr><td>질문</td><td>대답</td></tr>
<tr><td>강화</td><td>반응</td></tr>
<tr><td>교육자료의 바른 제시</td><td>유화</td></tr>
</table>

사람들은 언제나 예수님께서 그들에게 시키시는 대로 행했는가?

사람들은 대개 예수님께서 말씀하신 바대로 행했다. 그 이유는 다음과 같다.

1. 예수님께서는 요청하시지 않고 권위로서 명령하셨다.
2. 예수님께서는 자신을 불러일으키셨고 또 그 안에서 확신토록 하셨다.
3. 예수님의 자력을 띤 인격이 반응을 불러 일으켰다.
4. 예수님께서는 너무도 분명하게 큰 일들을 행하셨으며 그가 행하고 계신 것들을 잘 알고 계셨다.
5. 예수님께서는 도덕적인 능력과 육신의 능력을 모두 갖고 계셨다.
6. 예수님의 병고치심은 감사하는 마음을 일깨워 주었다.
7. 예수님께서는 양과 염소를 갈라놓으시고, 상급에 대한 회망과 처벌에 대한 공포를 가지고 따로이 호소하였다.

예수님께서는 인상보다 표현에 치중하였다. 예수님께서는 인상을 목적인 표현의 수단으로 사용하였다. 예수님께서는 사람들이 생각하는 것이나 그들의 느끼는 것보다 행하는 것을 더욱 중요시하였다. 예수님 자신은 관념론자이거나 신비주의자이기보다는 실용주의자에 훨씬 가까우셨다. 예수님께 있어서는 행동이 관념의 방정식에 따라 되어졌다기보다는 관념이 행동의 방정식을 따라 되어졌다.

23. 어린이들을 대하시는 예수님의 태도 (His attitude toward children)

예수님께서 어린아이들을 위하여 행하신 일들 :
1. 예수님께서는 어린아이들을 그의 품에 안고 축복해 주셨다.
2. 예수님께서는 사천 명과 오천 명을 먹이신 이적 가운데서 그들의 육체적인 필요도 만족시켜 주셨다.
3. 예수님께서는 그들의 병을 고쳐주셨다.
4. 예수님께서는 어린아이들이 노는 모습과 그들의 삶을 관찰하셨다.

예수님께서는 어린아이들을 대하실 때 어떠한 감정을 느끼셨는가?
1. 자신과 어린아이들 사이에 서 있던 그의 제자들에 대하여 분노를 느끼셨다.
2. 야이로의 딸을 살리시는 가운데서 애정이 담뿍 담긴 애칭을 사용하셨다.

3. 어린아이들을 일종의 성스러운 경외심을 갖고 대하셨음
   에 틀림없다.(막10 : 13~15)
4. 그들을 존중하셨다.
5. 그들을 동정하셨다.

예수님께서 어린아이들에 대하여 품으셨던 생각들 :
1. 어린아이들은 진정한 위대함의 표본이며 동시에 천국시
   민의 표본이다.
2. 그들에 대해서 과오를 범치 말라.
3. 어린 아이들을 자신과 동일시하셨다.
4. 어린아이들은 하나님의 사랑하시는 목적의 특별한 대상
   들이다.

예수님의 어린아이들을 대하시는 태도는 오늘날 우리가 교
육에 대하여 알고 있는 바 최선의 것이었다.

24. 예수님의 교사적인 자질
(His Qualities As Teacher)

우리는 예수님께서 한 분의 교사로서 지니셨던 자질들과 위
대한 스승으로서 그가 지니셨던 성품들을 취하여 그것들로 우
리들 자신을 한번 측정해 볼 수 있는 하나의 구체적인 이상으
로 사용할 수 있을 것이다.

「세계적인 교사가 가져야만 할 본질적인 자격들」
1. 세계를 포용할 수 있는 원대한 비전

2. 사람의 마음에 대한 지식
3. 가르칠 주제에 대한 능통한 지식
4. 가르침에 대한 적합성
5. 가르침을 구현한 생활

스탠리 홀은 진정한 그리스도는 심리학적인 그리스도라고 주장한 바 있다. 즉 중요한 것은 나사렛 예수의 역사적인 모습이 아니라 우리가 그를 인식하는 바 그대로의 그리스도의 모습이라는 것이다.

스탠리 홀은 또한 예수그리스도의 인격이 지닌 여섯 가지 본질적인 특질들을 다음과 같이 말하고 있다.
  1) 내부로부터의 삶
  2) 도덕적인 투쟁
  3) 복잡성과 혼잡성
  4) 인간이 가진 보다 높은 능력들에 대한 탐색
  5) 항상 전성기를 누리심
  6) 가능한 한 모든 이상들을 실현시키심

● 플라미 교수(Professor G. H. Plamer)는 "모든 교사들이 반드시 소유해야 할" 네가지 본질과 특성을 다음과 같이 설명했다.[38]
  1) 교사는 희생에 적합한 성격을 갖어야만 한다.
  2) 이미 축적해놓은 부요가 있어야만 한다.
  3) 지식을 통하여 삶을 통찰할 수 있는 능력을 갖추어야 한다.
  4) 뭐든지 잊어버리고자 하면 쉽게 망각할 수 있는 준비가 되어 있어야 한다.

---

38) G. H. Plamer. The Teacher. p. 8. Boston, 1908.

25. 교육사에 있어서 예수님이 차지하는 중요성
(The significance of Jesus in Educational History)

예수님께서 교육사 속에서 차지하는 위치가 가장 핵심적인 것이며 가장 위대한 것이라는 사실에 대한 증거는 대략 다음과 같다.

1. 오늘날 예수님을 따르는 자들의 수효가 다른 어떤 교사들의 추종자보다 많다.

2. 비록 예수님을 영접하고 멀찌감치에서 따르고 있기는 하나 그래도 그의 이름을 고백하는 국가들이 세계의 문명을 이끌어 나가고 있다.

3. 예수님께서는 사회의 요구들에 대한 개인의 요구의 적응이라는 인류가 지닌 가장 큰 문제의 해결을 몸소 실행하며 사셨고 또 가르치셨다.

4. 예수님께서는 가장 고귀한 도덕적 진리들과 영적인 진리들을 가르치셨다.

5. 예수님께서는 진리들을 간단하게 그리고 교육학적인 기술들을 효과적으로 사용하면서 가르치셨다.

6. 예수님께서는 이와 같은 자신의 가르침을 그가 자신을 증인으로서 뽑아 훈련시켰던 택함을 받은 소수의 사람들에게 완전히 위탁하셨다.

7. 예수님께서는 최고의 동기들 - 즉, 사랑, 동정, 애정, 그리고 신적인 사명감 - 로부터 가르치셨다.

8. 예수님께서는 세계의 교사가 갖추어야 할 다섯 가지의 필수적인 자격들 - 즉 세계적인 견해, 자신의 주제에 대한 완벽한 지식, 그의 제자들에 대한 이해, 가르침에의 적합성 그리고 이 모든 점들에 있어서 모방할 만한 가치가 잇

는 특정적 성품-을 모두 갖추고 계셨다. 뿐만 아니라 예
수님께서는 기르치신 그대로 몸소 생활하셨다.

26. 위대한 교사 예수 그리스도
(Jesus The master teacher)

교육환경은 비록 그것이 그것의 본질적인 요소들   즉 교사,
학생, 교육과제, 교사의 목적, 교육방법, 환경 등을 쉽사리 나
누어질 수 있다 하더라도 매우 복잡한 것임에 틀림없다.

예수님께서 사마리아 여인과 더불어 나누셨던 그 대화는 이
러한 면들에 있어서 교육에 대한 하나의 실물교육이었다.

예수님께서는 한 분의 교사로서 방법만을 가진 전수가일뿐
아니라 뚜렷한 목적도 가진 전술가이시기도 했다. 예수님의
가장 위대한 목적은 사람들로 하여금 예수님 자신이 누리시던
하나님 아버지와의 유대의식을 함께 누릴 수 있도록 하시는
것이었다.

예수님께서는 그에게 배우는 사람들이 그들의 인생속에 느
끼는 중대한 문제들을 근거로 두고 가르치셨다.

예수님께서는 그를 따르는 무리들 편에서 행해지는 신념을
불러일으키려는 목적에서보다는 오히려 자기 표현과 강렬하
게 추구하는 확신을 불러일으키기 위하여 질문들을 던지시고
또 그것에 대해 대답하시곤 했다.

예수님께서는 구약성경을 잘 알고 계셨으며, 이 구약 성경
을 자기 자신의 영혼의 양식으로 삼으시고, 한편으로는 그 당
시의 종교적인 마음들과 더불어 만나는 공동의 장소로 이용하
시었다.

예수님께서는 그의 제자들을 자신의 증언들로 훈련시키시되 주로 인격적인 교제와 개별적인 접촉, 그리고 그들 각자의 필요들을 일일이 채우시는 과정으로서 그렇게 하셨다.

예수님께서는 가장 흥미로운 조사방식으로서 인간 본성의 깊은 곳을 탐색하였으며, 비록 그가 그것들 가운데서 경쟁심과 같은 것들에는 의식적으로 호소하시지 않았고 성과 같은 것들은 높은 수준으로 고양시켰으나, 대부분의 사람이 지닌 본능적인 반응들을 확보하셨었다. 예수님께서 사용하셨던 모든 종류의 인상의 방법들은 단지 목적인 표현을 위한 수단이었다.

많은 교육사 책들이 예수님에 대하여 거의 언급하고 있지 않음이 사실이나 예수님께서 인류의 위대한 스승이셨다는 것은 거의 상식적인 사실로 받아들여지고 있다. 예수님의 특정적 성품들을 다른 세계적인 교사들의 그것들과 비교해 본다 할지라도 이와 같은 결론은 바뀌어지지 않는다.

예수님께서는 가장 위대한 스승이시다. 우리는 예수님을 우리의 위대한 스승으로 모셔왔는가? 지금이라도 늦지 않다. 제자는 선생을 닮아간다. 위대한 선생 예수를 닮아가는 교육자, 교사가 되어야 한다.

◈ 참 고 문 헌 ◈

● 짐웰 호이트, 신서균역, 「현대기독교 교육」 - 기독교문서선교회, 1991.
● 이종기 「간추린 기독교 교육학」 - 세종문화사, 1989.
● 한기언역 「교육사상사」 - 한국번역도서주식회사, 1957.
● 장병길 「종교와 교육은 동율선」 - 주간종교, 1974.
● 강필도 「창조적인 성서 교수법」 - 생명의 말씀사, 1972.
● 장윤철 「교회의 교육적 사명」 - 대한기독교서회, 1960.
● 김이열 역 「교육」 - 시조사, 1960.
● 민중서관, 「국어대사전」 - 민중서관, 1981.
● 송광택 역, 「기독교 교육학」 - 대한예수교장로회총회출판국, 1988.
● 최관경, 「교육의 목적에 관한 연구」 - 박사학위논문, 1982.
● 정웅섭, 「교회의 신앙교육」 - 대한기독교 교육협회, 1986.
● 김재은 역, 「기독교 교육논총」 - 대한기독교출판사, 1978.
● K. Herman, 「학문에 있어서의 기독교적 조망의 의미」 편집부역 -
  기독교신앙과 전공과목, 한국기독교 학생회, 1986.
● 홍철화 역, 「내적 성장 외적 변화」 - 대한기독교출판사, 1984.
● 문창수 역, 「교육신학과 실제」 - 정경사, 1984.
● 고용수, 「교육과 목회」 - 교유교회 제93회, 1983.
● 김득용, 「기독교 교육원론」 - 총신대학출판부, 1986.
● 장석영, 「기독교윤리와 사회제도」 - 대한기독교서회, 1957.
● 기독교장로회총회, 「교회 교육 지침」 - 종교교육, 1961.
● 은준관, 「교육신학」 - 대한기독교서회, 1982.
● 정웅섭, 「기독교 교육개설」 - 대한기독교 교육협회, 1992.
● 김영규, 「기독교 교육」 - 기독교문서선교회, 1984.

● 오병세 · 홍반식역, 「구약총론」 - 한국교회주의신행협회, 1978.
● 반피득, 「기독교 교육」 - 한국기독교 교육협회, 1970.
● 전천혜, 「쉐마를 통한 이스라엘 종교교육」 - 장로신학대학대학원, 1980.
● 김희보, 「구약의 이스라엘사」 - 총신대학출판부, 1981.
● 이호운 역, 「예언자 연구」 - 한국기독교문화원, 1977.
● 박영호 역, 「예수님의 교육방법론」 - 기독교문서선교회, 1989.
● 그리스도교대사전, 「제사장」 - 대한기독교서회, 1972.
● 천정웅, 「사복음서에 제시된 예수의 교육론」 - 총신대학원, 1982.
● 김태원, 「교회 교육과 커리큘럼」 - 종로서적, 1986.
● 김용섭, 「고신대학논문집」 - 고신대학출판사, 1987.
● 정정숙, 「기독교 교육과정론」 - 대한예수교장로회출판부, 1980.
● 유태영 · 김정규, 「교육과정 및 학습지도」 - 형설출판사, 1982.
● 정명화, 「교회학교 교육과정이 인간성장에 미치는 영향에 관한 연구」 - 서울신학대학원, 1982.
● 함종수, 「교육과정」 - 숙명여대출판부, 1985.
● 한국선교교육연구원편, 「교회 교육핸드북」 - 대한기독교출판사, 1978.
● 정정숙편, 「기독교 교육개론」 - 성광문화사, 1981.
● 이경섭, 「현대교육과정론」 - 형설출판사, 1973.
● 강신웅 · 왕기항, 「교육과정」 - 교육출판사, 1970.
● 김상원, 「교육과정과 교수 학습론」 - 학문사, 1982.
● John.H, 「Westerhoff Ⅲ, 기독교 교육논총」
● 정용섭, 「교회갱신의 신학」 - 대한기독교출판사, 1980.
● 이영호, 「예배와 축제」 - 대한기독교출판사, 1980.
● 박봉랑 역, 「성령의 능력 안에 있는 교회」 - 한국신학연구소, 1980.
● 반피득, 「기독교 교육」 - 동아출판사, 1961.

• 장석영, 「기독교윤리와 사회제도」 – 대한기독교서회, 1956.

• 이종수, 「현대교육사조」 – 을유문화사, 1953.

• 최문환, 「근세사회사상사」 – 백영사, 1954.

• 지원용, 「루터의 사상」 – 컨콜리아사, 1972.

• 지원용, 「루터의 종교개혁」 – 컨콜리아사, 1972.

• 강성위, 「카톨릭사상사」 – 대조사, 1968.

• 한경직, 「목회자로서의 칼빈」 – 칼빈신학연구회, 1965.

• 전경연, 「칼빈생애와 그 신학사상」 – 선교출판사, 1970.

• 한철하, 신복윤, 「기독교강요」 – 생명의 말씀사, 1954.

• 김의환, 「칼빈의사회관」 – 신학지남, 1971.

• Ronald Chadwick, Teaching & learning (old Tappan : Fleming H. Revell Co., 1982)

• R. B. Mckean, "The state of Christian Education," Christian Education Journal Vol. no2. 1088.

• Kendig B. Cully.(ed). Basic Writings in Christian Education, Philadelphia : The Westminster Press. 1960.

• Louis E Labor, Focus on People in Church Education Westerwood NEW Jersey : Fleming H. Reyell Co., 1968.

• L. J. Scherill Gift of Power. New York : Macninan Co., 1963.

• D. R. Hunter, Christian Education as Engagement. New Youk The Seaburg Press. 1965.

• Harner, The Educational Work of the a philosophy of christian Education New York : Abingdon Press. 1962.

• Lawrence. C. Little. foundation for a philosophy of christian Education New York : Abingdon Press. 1962.

• Philip H. Phenix (ed) Philosophies of Education New York : John wiley & Sons.1962.

• Donald Gordon Stewart, Christian Education and Evangelism,

Philadelphia : The Westminster Press.

● Sare Little, The Bible in Christian Education Richmond : Knox. 1901.

● lewis Sherill, The Gift of Power.

● Iris Cully, The Dynamics of christian Education, Philadelphia : Westminter. 1958.

● Donald Butler, Religious Education New York : Harper & Row, 1962.

● Ellwood Patterson cubberley, The History of Education New York : Chicago Sanfranscico : Houghton Mifflin Co., 1920.

● G.Fridrich(ed), Theological Dictionary of the New Testment Vol Ⅷ. G.W. Brooniley(tr.) Grand rapids : Eerolmans. 1972.

● D. P. Simpson, Cassel's, New Latin-English Englisn-Latin dictionary(5th ed : London : cassell & Company Ltd, 1975)

● Jim Wilhoit christian Education & the Search for meaning(Grand Rapids Buker Book House). 1986.

● Paul. H. Vieth, objectives in Religious Education New York Harper & Brothers, 1930.

● John. H. Westerhoff Values for Tomorrow's Children. (Philadelphia Pilgrim Press 1970)

● J. H. Westerhoff and G.K. Neville. Generation to Generation (Philadelphia : united Church press, 1974.

● M. Fakkema Christian Philosophy & its Educational Implications Book I (Chicago : Christian Schools Service. n. d.)

● Philip. H. Phenix(ed), Philosophies of Education. New York : John Wiley and Sons. 1962.

● Eliezer Ebner. Elementary Education in ancient Israel New

Youk : Blick Publishing. Co., 1956.

- L. J. Sherill. The Rise Of Christian Education N.Y : Macmillan Co. 1960.

- C. B. Favey. History of Christian Education (Chicage : Moody Press. 1969)

- Martin Buber Israel and the terld (New York : Schoeeken, 1948)

- P. P. Person. An Introdnction to Christan Education(Michigan : Baker Book House, 1974)

- J. Kaster "Education in IDB, Vol. II .ed. G.A.Buitrick (New York Abingadon. 1962)

- W. A. Attkins, Educational Philosophies and Practices in O. T. Religious Education. 1976.

- H.S.Fletcher, Education an Ancient Israel(Chicago : The open Court Pub. 1919)

- C. B. eavey Principles of Teaching for christian(Zondervan Pub. 1968.)

- Benson C. H.Apopular. History of Christian Education(Chicago Moody press. 1943).

- H. J. Grimm Martin Luther-A history of Religious Education(ed) Elmer L. Towns(Grand Rapids : Baker Book House, 1975)

- Elmer H. Wilds, the Foundations of modern Education N.Y. Rinehant 1942)

- J. Calvin Institutes of the Christian Religion Vol. Chap. 8.

- Ellwood P. Cubberly., Reading in the History of Education (Boston : Hough mifflin Co. 1920)

- Alcorn M.D & Linley. J. M. Issuein Curriculum Development (New York : World Book, Co.) 1950.

- C. A. Do Yong. Introduction to American Pulic Education (New

York : The MecGraw Hill, Co. 1942)

● J.G.Saylor & W : M,Alexander. 1954. Curriculam planning(New York : Rinehart)

● J.W.Boyrne. A Christian approach to Education(Grand Rapids : Zondervan Pub, Co.) 1961.

● H. R. Douglass. The High School Curriculum (New York : The Ronald Press Co.)

● Byrne H.W.A. Christian Approach to Education Michigan : mott Media milford. 1979.

● Decampbell wyckoff. Theory and Design of Christian Education Curriculum (Philadelphia : The Westminster press. 1961)

● John Dewey Democracy and Education (New York : The Macmillan 1916)

● G.A.Beu Chomp. Planing the Elementary School Curriculum (Boston) 1956.

● H. Alberty. Reorganizing the High School Curriculum (New. Your : The macmillan Co) 1953.

● Clifford. A. Wilson "Jesus the Master Teacher" (Grand Rapids : Baker Book House) 1974.

● Marvin. J. Taylor.,(ed) Foundation for Christian Education In an Era of Change (N.Y. Abingdon Press. 1976)

● Ernest B, Koenker. Worship in Word and Secrament (Saint Lowis, Con cordia Publishing House, 1959)

● J. J. Von Allmen Worship : It's Theology and Practice(New York. oxford university Press. 1965)

● A.B.Bielby. Education Through Worship(Scm Press L.T.D)

● Herman H. Horme "teaching techniques of Jesus", 1980.

판권소우
도서출판
한　글

기독교교육학개론

2016년　9월　20일 1판 1쇄 발행
2016년　9월　27일 1판 1쇄 발행

지 은 이　이 종 식
펴 낸 이　심 혁 창
디 자 인　홍 영 민
마 케 팅　정 기 영

펴낸곳 도서출판 한글
서울특별시 서대문구 신촌로 27길 4호
☎ 02) 363-0301 / FAX 02) 362-8635
E-mail : simsazang@hanmail.net
등록 1980. 2. 20 제312-1980-000009

GOD BLESS YOU

정가 10,000원

*
ISBN 97889-7073-520-7-93230